Recreação:
trabalho sério e divertido

R696r   Rodrigues, Luis Gustavo Clemente.
        Recreação : trabalho sério e divertido / Luis
    Gustavo Clemente Rodrigues e João Luiz Martins.
    – São Paulo : Ícone, 2005.
    192 p. ; 21 cm.

    ISBN 85-274-0668-3

    1. Recreação. 2. Jogos infantis. I. Martins,
    João Luiz. II. Título.
                                            CDU 379.83

            Catalogação elaborada por
        Samile Andréa de Souza Vanz – CRB 10/1398

Luis Gustavo Clemente Rodrigues
João Luiz Martins

Recreação:
trabalho sério e divertido

2ª edição

Ícone
editora

© Copyright 2005.
Ícone Editora Ltda

Capa e Diagramação
Andréa Magalhães da Silva

Revisão
Marcus Macsoda Facciollo

Proibida a reprodução total ou parcial desta obra, de qualquer forma ou meio eletrônico, mecânico, inclusive através de processos xerográficos, sem permissão expressa do editor (Lei nº 9.610/98).

Todos os direitos reservados pela
ÍCONE EDITORA LTDA.
Rua Anhanguera, 56 – Barra Funda
CEP 01135-000 – São Paulo – SP
Tel./Fax.: (11) 3392-7770
www.iconelivraria.com.br
e-mail: iconevendas@yahoo.com.br
editora@editoraicone.com.br

Agradecimentos

A minha irmã e meus pais.
Sem eles jamais chegaria até aqui.

Luis Gustavo "Kako"

Existem pessoas que passam por nossas vidas e deixam marcas ou lembranças, sendo que algumas delas deixam marcas para todo o sempre.

Dedico este livro a uma dessas pessoas, que por vezes teimosamente me ensinou o quanto é lindo do alto de uma montanha contemplar por horas as estrelas, ou mesmo sentar em uma pedra e contemplar um pôr de sol, o quanto é bom andar, e andar, e andar, mas de preferência na areia da praia, bem próximo do mar, abraçar as pessoas com força e carinho sem nenhum motivo aparente, como se nunca mais fôssemos vê-las de novo.

Pessoas assim apenas com um sorriso são capazes de iluminar a vida da gente, além de serem incapazes de julgar os outros; têm um olhar tão puro e tão meigo que apenas com sua proximidade têm a capacidade de nos acalmar e serenar nosso coração.

Um dia uma dessas pessoas cruzou meu caminho me mostrando o verdadeiro significado da palavra amor e me motivando a buscar meus caminhos, assim como ela encontrou os dela, mostrando que não há recompensa sem luta, que não há recompensa sem merecimento, e que somente sendo bom, positivo e determinado se consegue o crescimento espiritual, e somente atrelado à felicidade é que se chega ao crescimento profissional.

A felicidade, busca maior do ser humano, não tem que ser encontrada, nem ligada a nenhuma conquista material, pois a felicidade, a arte da felicidade sempre esteve e sempre estará com todos nós.

Obrigado, Mô, por ter vindo, transformado minha vida e me ensinado isso tudo.

Luis Gustavo "Kako"
luis.gustavo@colorireventos.com.br

Agradecimentos

Agradecer é sempre prazeroso, pois é sinal de que algo de bom aconteceu, mas corre-se o risco de esquecer de agradecer algumas pessoas que sempre estiveram ao nosso lado e por isso são muito importantes; mesmo que não façam nada, simplesmente pela sua presença já se tornam importantes, pois são como o próprio ar que respiramos, indispensáveis. Por isso quero agradecer a todos que sempre estiverem por perto, nos bons e maus momentos, pois são peças importantes do quebra-cabeças chamado Vida.

Mas como não sou um péssimo filho aproveito para dedicar esse livro para meus pais Maria e Arlindo, meus irmãos Marcos e Marino e para a Sheila, companheira inseparável.

Não poderia esquecer também todos que convivem diretamente comigo e que me agüentam e sempre me apoiaram; aqui vai então um grande abraço a vocês dos bastidores, Rosângela, Patrícia, João Lucas, Mauro, Glória, Shirley e todos que sabem que os seus nomes não aparecem no papel mas estão gravados para sempre no meu coração.

Profissionalmente aproveito para mandar um obrigado para a turma do SIEEESP e do Sistema Dom Bosco, junto com o pessoal da Colorir Lazer.

Dedico este livro a todos aqueles que um dia tiveram um sonho, e como Walt Disney sempre disse: "Se você pode sonhar, você pode realizar!".

Obrigado, Deus, por me permitir sonhar...

João Luiz Martins

Índice

Prefácio, 11

Parte 1, 13
Breve relato sobre experiências do cotidiano no trabalho de recreação em hotéis, situações curiosas, algumas bem cômicas, e muitos, muitos toques para quem quer se iniciar na área.

Parte 2, 61
Conceitos importantes para o leitor sobre recreação hoteleira, seus princípios, objetivos, e, acima de tudo, orientação e informação sobre um grande mercado de trabalho que está mais perto do que se imagina.

Parte 3, 93
120 jogos, brincadeiras e atividades recreativas para crianças de todas as idades, muitos deles podendo ser adaptados para adultos ou atividades motivacionais.

Prefácio

Esta é uma obra que conta um pouco de experiências no campo de trabalho e situações reais com pessoas reais. Provavelmente você, que já teve algum tipo de contato com recreação, ou é acadêmico de Turismo, Educação Física, Pedagogia ou profissional da área, certamente irá conhecer muitas das pessoas mencionadas aqui.

Além disso, este livro retrata um pouco da história da recreação em nosso país, escrita e contada diariamente por aqueles que nela vivem. Um pouco autobiográfico, com muitas vivências, muitas situações engraçadas, muitas um pouco tristes, mas acima de tudo mostrando a realidade deste trabalho alegre e colorido.

Idealizado e escrito por Luis Gustavo Clemente Rodrigues, ou apenas Kako, diretor da Colorir Lazer – Eventos, Turismo e Aventura, e João Luiz Martins, profissional superconceituado que deixa sua marca nesta obra com muitas sugestões de brincadeiras, gincanas, jogos e atividades para todas as faixas etárias, com tema, enredo e produção, sem esquecer naturalmente de alguns importantes conceitos, direcionando

o profissional no cotidiano de um trabalho maravilhoso e contagiante.
Venha com a gente nesta aventura!

Obrigado!

Luis Gustavo "Kako" e João Luiz.

Parte 1

Breve relato de uma trajetória no mundo do lazer, recreação e entretenimento dirigido.

Como fui me meter nessa...
(Luis Gustavo "Kako")

Mais ou menos em abril de 1992 eu via muito um amigo meu viajar quase todo final de semana; ele sumia às vezes uma semana, um mês. Um dia eu o abordei e perguntei: "O que tanto você viaja, o que você está fazendo: roubando, traficando ou o quê?". Ele me respondeu que nada daquilo, "eu trabalho em hotéis, faço recreação". Perguntei como era e tudo mais e ele respondeu que era um trabalho de integração nos hotéis, que ele e mais um grupo de pessoas desenvolviam atividades de lazer dirigido, brincadeiras, gincanas para adultos e crianças e que eles proporcionavam aos hóspedes dos hotéis um pouco além de diversão pura e simples, era um pouco mais que organizar um torneio de futebol ou bingo, era muito mais que isso. Ele (meu amigo) me disse que um período de trabalho em um hotel, de um dia, um final de semana, um mês, enfim, qualquer período era muito bom, primeiro porque há a oportunidade de conhecer vários hotéis e também viajar para vários locais interessantes, segundo porque trata-se de um grande momento para se conhecer pessoas das mais diversas, e terceiro, ainda por cima pode-se receber algum dinheiro para exercer essa função.

Diante disso tudo eu rebati na hora, disse: "Meu, eu quero trabalhar com você nesse negócio de recreação em hotéis", e ele falou: "Espera um pouco, eu mal comecei!".

Quem estava conversando comigo sobre recreação nesse período era meu grande amigo Carlos Rogério Pirro, ou apenas tio Pirro, meu amigo de infância; nós nos conhecemos desde 1978 quando estudamos juntos na E.E.P.G. Guerino Raso. Brincamos até hoje que por causa da nossa convivência a mãe dele gosta mais de mim do que dele e vice-versa, afinal nós fomos praticamente criados juntos no bairro da Mooca, em São Paulo, capital.

O Pirro sem dúvida é um dos grandes caras desse segmento no país. Poderia dizer com tranqüilidade que talvez eu não estivesse onde estou ou fazendo o que estou fazendo hoje se não fosse por essa conversa.

Depois de uns quatro dias ele me trouxe uma ficha para preencher de uma empresa que eu nunca tinha ouvido falar, a Colorir Lazer. Preenchi a ficha, entreguei para o Pirro e antes dele encaminhar para os donos da empresa ele me disse que de todos os amigos dele eu seria a única pessoa que ele indicaria para trabalhar nisso, pelo menos parecia que ele havia detectado um pouco de potencial em mim. Acho interessante mencionar que ele se empenhou bastante para que eu conseguisse trabalhar com recreação na Colorir Lazer.

Enfim, após uma semana ele tinha marcado uma reunião com dois rapazes chamados Elio Luís Ferrucci e Maurício Luis Ceccatto (tio Elio e tio Mau, respectivamente), os donos da referida empresa.

Fui à reunião, marcada para acontecer à tarde, num *shopping center*. Chegando lá estava muito inseguro do que iria encontrar. Aí vejo um cara, com seus 22 anos, de óculos, cabelo mal penteado, blusa xadrez, juntamente com um outro cara com um ar mais sério, um pouco mais gordo; não entendi o porquê, mas naquele momento eu havia me identificado muito mais com o segundo do que com o primeiro. Assim pela primeira vez pus meus olhos no tio Elio e no tio Mau.

O Elio era o que mais conversava, era o que mais me orientava sobre a empresa e o que ele queria de mim, já o Mau analisava mais, parecia que não precisava conversar para entender.

Conversamos aproximadamente uma hora, estava também conosco uma outra candidata para o trabalho. Falamos a respeito da minha ficha, minha experiência, que era zero, mas mesmo assim eu achava que havia me saído bem, de qualquer forma o tempo iria dizer...

Depois de algum tempo, eu já tinha perguntado para o Pirro mil vezes e nada. Permaneci tocando minha vidinha quando o Elio ligou me chamando para trabalhar num hotel; naturalmente concordei na hora.

Combinamos de nos encontrar no metrô; eu não cabia em mim, antes disso eu só havia me hospedado em um hotel antes no treinamento de uma seguradora em 1988 para aprender a vender seguros. Não estou aqui para falar da minha origem humilde, muito embora fosse mesmo, mas apenas para mostrar o quanto não sabia nada sobre hotéis.

Eu não estava acostumado com aquela rotina, no entanto a única coisa que conspirava a meu favor era o fato de ser a minha vida inteira muito brincalhão; no caminho para o hotel, na rodovia Castelo Branco, eu estava dentro do carro bem atrás do motorista; não sei bem quem estava fumando, só sei que com o vento entrou no olho do Pirro cinza de cigarro, vocês não podem imaginar. Nós dois, tanto eu como ele, temos um pé na Itália, e somos muito exagerados, ou seja, as coisas não doem, elas doem muito! Somos o exagero em pessoa! Todos no carro começaram a rir e ele desesperado porque achava que tinha entrado um paralelepípedo no olho. Ele quase virando cambalhota no carro, eu tentando tirar o cisco do seu olho, nós tivemos que parar o carro de tanta risada que demos.

Chegamos ao hotel, todo mundo conhecia todo mundo e o pára-quedista aqui só no "Opa, tudo bem, como vai", com um sorriso amarelo, amarelo.

Monitores que trabalharam no período: tios Pirro, Supla, Chileno, Mau e eu; nessa mesma sexta-feira à noite iria surgir um apelido pra mim, embora esse fosse o menor dos meus problemas naquele momento. Descobri que naquele final de semana no hotel estavam dois tipos de hóspedes, um grupo de aproximadamente 100 pessoas de uma empresa, que passariam o final de semana lá, e quem faria a recreação desse grupo seriam os tios Pirro, Supla e Chileno; já para um grupo menor de hóspedes, mais ou menos 15 a 20 pessoas, quem iria fazer a recreação seria o tio Mau, dono da empresa, e o famoso tio "eu"; não foi fácil não, até que me acalmei um pouco quando percebi que praticamente o final de semana todo nós só iríamos recrear meia dúzia de crianças de seis anos. Nesse caso não aconteceu nada que pudesse merecer algum destaque, apenas que nos intervalos das atividades no alojamento dos tios eu contei tanta piada que foi mais ou menos aí que saiu o título "monitor dos monitores". Não por nada, é que o curioso dessa frase é que um dos objetivos do monitor é fazer rir, e naquele momento eu estava fazendo o monitores rirem, apenas nesse sentido, porque se depois de algum tempo alguém ler isto pode pensar que eu já comecei como um monitor sensacional; até que eu não me saí mal, mas com certeza eu tinha muito que aprender, assim como tenho até hoje.

Um outro detalhe interessante desse período é que surgiu meu apelido de tio, passei a ser chamado de tio Kako, apelido que carrego comigo até hoje. Isso veio de uma história do senhor Maurício, que tio tem que ter apelido, então eu criei o meu; nem vou mencionar os apelidos que foram proferidos naquele alojamento, no entanto concordo com o tio Mau quando ele dizia que o monitor tem que ter apelido.

Vejam agora alguns apelidos engraçados: Chokito, Lasanha, Salsicha, Peixinho, Sol, Farinha, as irmãs manteigas Milla e Doriana, Batatinha, Nana, Pulguinha, Mosquito, Zuzu, entre outros, tem também aqueles bem tristes, como Dri, Ju, Alê, Fê, Lu... dá até preguiça, o fato é que se eu ficasse aqui escrevendo os apelidos dos monitores ficaria aqui até o final dos tempos.

(Importante: quando você quiser entrar no mundo dos monitores, crie para si um apelido bem legal, OK?)

Naqueles primeiros dias fiquei muito ansioso para trabalhar em um feriado, mesmo porque todo mundo dizia que era o melhor momento de trabalho para o monitor, porque o hotel sempre estava lotado, trabalhava uma grande quantidade de monitores e tudo o que envolve um momento desses sem dúvida é bem mágico.

Chegou o feriado e nada, ninguém me chamou, nem uma ligação, nada mesmo, então saí para comer uma pizza com uns amigos meus e acabei dormindo fora de casa. Quando cheguei em casa mais ou menos às 15h00 do dia seguinte havia um bilhete na porta dizendo o seguinte: "Assim que você receber este bilhete, venha voando para o hotel". Foi aquela correria, arrumei a mala, corri para o metrô, cheguei na estação Barra Funda, subi no ônibus, falei para o motorista: "Vou descer no Km 94,5 da rodovia Castelo Branco, em frente ao hotel". Dentro do ônibus eu parecia um bicho, no Km 85 eu já estava em cima do motorista, quando chegou eu parecia um foguete, nem lembro como atravessei a estrada, passei pela recepção do hotel e comecei a descer a passarela, passando pelo centro de convenções à minha direita, apartamentos que se dividiam em 4 alas que se ligavam justamente pela passarela, duas à minha direita e duas à minha esquerda, que por sinal era uma enorme descida de uns quatrocentos metros; deixei pra trás também o bar da piscina um pouco mais embaixo na descida, e naturalmente as piscinas, até chegar no final da passarela, em frente à porta do ginásio de esportes. Pensaram que acabou? Acabou nada, ainda tinha mais uns 70 metros de barranco que eu tinha que descer para chegar ao alojamento, lar supremo dos monitores, ou tios da recreação. Imaginem só, tudo escuro, um barranco com solo todo irregular, eu não tinha velocímetro, mas que eu estava a uns duzentos por hora, isso com certeza... De repente pisei em um buraco, dei uma torcida no tornozelo, cheguei no alojamento quase me arrastando, dormi e no dia seguinte voltei para São Paulo porque não dava pra trabalhar... sem comentários, não riam não, na hora foi trágico, fui de madrugada ao hospital de Sorocaba, coloraram em mim uma tala para imobilizar meu tornozelo, que no mesmo dia tirei, tomei café da manhã no hotel e me levaram para a rodoviária, embarquei no ônibus e após duas horas já estava em casa em São Paulo.

É importante mencionar que devemos fazer as coisas sempre com alguma calma; eu estava tão empolgado com a possibilidade de trabalhar como monitor que não pensei muito, sem dúvida um grande erro.

Muito bem, depois de algum tempo, quando acabou minha vergonha pelo vexame passado, voltei a ligar para a Colorir Lazer falando da minha melhora e das minhas futuras disponibilidades para o trabalho; ligava quase todo dia, até porque achava que não ia ser mais chamado, então decidi ser bem chato mesmo. Ligava todo dia, para falar do tempo, do futebol, do trabalho, da guerra no Oriente Médio, o que vejo hoje que foi de grande valia, porque talvez se não tivesse ligado tanto, se não tivesse sido realmente persistente, provavelmente não estaria trabalhando com recreação hoje. (Aliás, conselho para aqueles que estão ingressando no segmento: é muito importante mostrar interesse, ligar pelo menos uma vez por semana para a empresa com que se está mantendo vínculo profissional, em especial uma semana a dez dias antes dos feriados, será sempre uma boa estratégia para que se esteja sempre na cabeça daqueles que organizam a escala de trabalho para eventos, ou seja, quem vai ou quem deixará de ir para os hotéis.)

Muito bem, a partir daí passei a ser chamado com mais freqüência pela Colorir Lazer; em julho desse mesmo ano, trabalhei todos os finais de semana, só não pude trabalhar mais nas férias porque tinha um outro trabalho durante a semana.

Posso dizer com tranqüilidade que a partir desse mês a recreação passou a fazer parte definitivamente da minha vida; como diria Renato Russo, "conheci muita gente interessante". Trabalhar com recreação nos faz conhecer muitas pessoas, conheçam algumas dessas: tio BJ, hoje ele já não trabalha mais com recreação, mas é sem dúvida um dos grandes monitores que já conheci, em especial no trabalho com crianças de 3 a 6 anos. É meio baixinho, fortinho, cabelo liso com uma franja para o lado meio pega-rapaz e olhos azuis; esse doido fez uma coisa comigo que não se faz, eu não iria nem comentar, mas, enfim, esse maluco me disse que tinha uma amiga que trabalhava como monitora, que era excelente com crianças, que era sua amiga de infância e que já tinha trabalhado em acampamento infantil e tudo mais, seu nome era Monique. Ele deu meu telefone para ela e ela me ligou, marcamos uma reunião. Sabem qual foi a conclusão disso? Não, eu não vou dizer, ela era sem sombra de dúvida uma excelente monitora, e a coisa mais dolorosa disso é que me casei com ela. Não estamos mais juntos hoje, mas independente de qualquer coisa ela sempre foi uma grande profissional, daquelas que trabalham com todas as faixas etárias, com carinho com as crianças de 3 a 6 anos, com gás e energia com crianças de 7 a 12 anos, com habilidade e muita animação com os adultos e com o mesmo carinho com a 3ª idade, ou melhor idade, como queiram.

Outro que vale a pena mencionar é o tio Piti, esse é uma figura, trabalhou muito anos em um dos grandes acampamentos de São Paulo, muito hábil com crianças de 7 a 12 anos; nós passamos uma temporada de Natal e Ano Novo em um hotel, onde criamos grande afinidade. É uma pessoa com um grande coração, um tanto explosivo, daquelas de pavio bem curto; o cara era meio louco, estudava engenharia, trabalhava com recreação, ministrava aulas de matemática em uma escola, isso sem mencionar que também fazia triatlon.

Outro doido que eu conheci foi o tio Chileno, alto, bem moreno, filho de chilenos mesmo; posso dizer que aprendi quase tudo que eu sei da recreação com esse cara, foi com ele que mais trabalhei no começo da minha carreira; o cara era muito meigo com a criançada, realmente falava a língua deles, tinha cuidado com todas elas, desenhava muito bem, cantava muito bem e conhecia muitas atividades, daí minha sorte; não tenho certeza, mas acho que ele não trabalha mais com recreação hoje em dia.

Tio Alex, hoje ele não é mais tio, ele é o Alex Miller, repórter esportivo de uma rádio; ele se formou em jornalismo, e vez ou outra, quando a Colorir Lazer precisa de um mestre de cerimônia para algum evento, ele é o primeiro a ser chamado, e quando dá ele procura atender, além do mais é uma graninha extra que o ajuda... Posso dizer que ele é um irmão que não tive; o curioso nisso é que muita gente perguntava se nós éramos irmãos, pois éramos parecidos realmente, mas eu era mais bonito... Ele é um dos cara mais engraçados que já conheci na minha vida, um ser humano da maior qualidade, excelente monitor em atividades socioculturais para adultos, é importante ressaltar.

Sr. Lee, antigo proprietário de hotel em Sorocaba, aproximadamente um metro e sessenta de altura, cinqüenta e quatro quilos, não preciso dizer que com esse nome trata-se de um chinês, com cabelinho comprido no estilo que Chitãozinho e Xororó usavam, bem magro, dentes não muito bem cuidados; não importava o tempo, fizesse chuva ou fizesse sol o cara sempre estava usando uma camisa xadrez, de manga comprida, calça jeans apertada e uma bota que vinha até o joelho, não me lembro dele usando um outro tipo de roupa, aliás não me lembro de uma só palavra que ele dizia porque não se entendia nada, o português dele era sofrível, mas isso não era nada, o pior é que o cara gostava de conversar; era mais ou menos assim a história: eu e mais alguns monitores estávamos na sala de materiais, ou "salinha", de repente o homem aparecia do nada, a gente já achava que ia tomar bronca, daí o cara sentava, começava a bater papo, às vezes meia hora, quarenta minutos, sei lá, só sei que demorava, e ele falava, só que não se entendia nada, no entanto nós naturalmente ríamos de tudo, sem vontade, é claro; se ele falava alguma coisa e ria nós riamos também, se ele falava e ficava bravo, nós ficávamos bravos, e assim por diante.

Alguns hóspedes, como Oswaldo Puertas e Orlanda Puertas, marido e mulher, extremamente simpáticos e divertidos, através de nós, os monitores, fizeram um grande círculo de amizades, criado em um dos hotéis que a Colorir Lazer assessora. Nós, os monitores, e eles nos reunimos vez ou outra em jantares, festas, na casa deles, ou mesmo em um churrasquinho, afinal de contas nós também participamos desse círculo de aproximadamente doze famílias, criado pelos monitores. Esse casal viria a se tornar mais tarde meus padrinhos de casamento.

Poderia ficar mencionando várias pessoas interessantes que neste tipo de trabalho temos oportunidade de conhecer, poderia mencionar um outro casal de hóspedes também desse mesmo círculo de amizade, o Sr. José Carlos e sua esposa Sra. Marisa, que de tamanho grau de afinidade acabaram patrocinando uma grande quantidade de uniformes utilizados pela empresa em eventos e hotéis.

É, este trabalho não é fácil não, se você não se cuidar acaba casado, conhecendo seus padrinhos de casamento antes do tempo, conseguindo grandes amigos, tendo contato com pessoas muito divertidas e ainda conhece algum louco que patrocina seus uniformes, isso tudo com o exemplo de apenas um hotel, agora imagine você administrando 8 hotéis, aproximadamente 40 eventos por ano, entre convenções em todo o território nacional e às vezes no exterior também, fora confraternizações e o atendimento a escolas... bem, esses assuntos vamos falar em um outro momento, quem sabe num outro livro, senão vamos fugir do tema central deste e o mesmo vai acabar chegando à 8 mil páginas; assim, iremos nos concentrar em recreação em hotéis.

A riqueza deste trabalho é de uma amplitude totalmente sem precedentes; por exemplo, você em apenas duas horas consegue integrar um grupo de 5, 20, 50, 100, 200 pessoas ou mais e não só isso, mas também se integrar ao grupo como se os conhecesse há muito tempo, e o mais incrível é que eles jamais vão esquecê-lo. Este tipo de relação é muito mais complicada em ambientes comuns de trabalho, em uma repartição, escritório, enfim, em quatro dias apenas você é capaz de integrar 200, 300 pessoas em um hotel em um feriado como se todos eles fossem uma grande família em férias, trocando telefones, organizando passeios em São Paulo, ou em sua localidades; eles nos dão presentes, crianças choram porque não querem ir embora e isso se reflete também nos pais. Na saída do hotel, em um final de temporada ou feriado, é aquela confraternização geral.

Muito importante: você jamais deverá esquecer que está trabalhando; no entanto, o hóspede invariavelmente esquece, ele sempre o terá como um filho ou como um neto, sempre vai agradecer tudo o que você fez pelos filhos dele, por ele e principalmente pela sua família.

Esse período normalmente é mágico, pois é aí que conseguimos uma compensação que não é financeira, mas é sim o reconhecimento de um trabalho que na maioria das vezes começa com um mês de antecedência do feriado ou período de férias.

Num desses momentos ocorreu uma situação muito engraçada com uma família que estava em um hotel em que estávamos coordenando a recreação. A hóspede chamava-se Rosa; ela tinha um filho chamado Guilherme, menino esse com uns 9 anos; nos os tios o apelidamos de "Telefônica" de tanta chamada que ele tomava, ou seja, só reclamação; o menino virou o Telefônica, e o pior é que os pais dele passaram a chamá-lo assim; o dito cujo é um dos meninos mais bonitos que eu já vi, loirinho de cabelo liso tigelinha, olhos azuis, menino lindo mesmo; no entanto, o moleque é impossível, o terrorzinho nas brincadeiras dos tios, ele escondia as pistas. Um dia a garotada da idade dele fez umas esculturas em argila, sabe o que ele fez? Jogou tudo no lago, dá para acreditar? Independente de qualquer coisa o Guilherme é muito amoroso e gosta muito dos tios, o que dificulta as broncas; o que nós fazíamos era levar toda a coisa no humor. Em situações como estas há a necessidade de muito *feeling*, muito tato para que o hóspede não seja ofendido, mesmo porque no caso anterior havia entre a família e os monitores grande afinidade.

Vou permanecer falando sobre situações do cotidiano, que poucas pessoas abordam em um primeiro momento; informações sobre o segmento, para aqueles que nunca trabalharam com recreação; sempre se tem a impressão de que é uma festa, que nós vamos ser hóspedes também e que em algum momento vamos fazer alguma brincadeira para o entretenimento dos hóspedes verdadeiros... negativo, é um trabalho como outro qualquer, vou repetir: é trabalho, não é brincadeira, como a maioria pensa no começo; não é que estejamos julgando, mas o fato é que a sua carga horária não é fácil, pois invariavelmente se dorme, em função do trabalho, quatro ou cinco horas no máximo, e o expediente começa às 08h30 normalmente e vai até 23h00 ou 24h00, estendendo-se muito nos bastidores. Em períodos como Carnaval, Natal e Ano Novo, acho absolutamente importante deixar isso bem claro para todos que realmente tenham interesse na área. E não é para pensar que estou devaneando muito, na realidade não, só quero deixar claro que trabalho é trabalho.

Uma outra coisa importante é a relação com a sua família: pare e pense agora, você passando um mês fora de casa nas férias, passando o Natal e o Ano Novo fora de casa, ou passando de repente o aniversário do pai ou da mãe fora de casa. Até mesmo quando se é uma pessoa bem resolvida de vez em quando dá um baixo astral, mesmo que no íntimo seja rebelde e pense "eu não vou sentir nada" é só esperar, imagine só 23h30 no dia 24 de dezembro, um hotel lotado, vários hóspedes com toda a família junto, e você lá trabalhando, daí começa "Feliz Natal!", "Feliz Natal!", todo mundo se abraçando e você lá com seus amigos recreacionistas, com um sorriso amarelo pensando por que não está na sua casa naquela hora. Por favor, não comece a chorar agora, naturalmente eu quis ser um pouco trágico.

Já no meu caso esse tipo de coisa nunca me afetou muito, mesmo porque sou muito tranqüilo nesse sentido e além do mais eu aproveito muito os momentos, em especial quando estou com quem gosto muito, minha família e meus grandes amigos.

Como sugestão, viva muito intensamente todos os seus momentos. Viva o momento presente; o passado já foi, o futuro a Deus pertence, portanto, viva o presente com seus entes queridos como se esse momento realmente fosse o último, talvez agindo assim nós poderíamos nos tornar um pouco melhores como seres humanos.

Então veja onde quero chegar agora, vamos falar um pouco da relação da família com esse trabalho, não só a do hóspede, mas a sua também. Começando pela do hóspede, você vai se deparar com os mais diversos tipos de pessoas, algumas muito alegres, pessoas distantes, fechadas, abertas demais, famílias com boa relação ou aparentando isso, e também aquelas que participam de uma atividade ou mesmo se relacionam com qualquer outra pessoa no hotel. O monitor de lazer é responsável pela diversão e entretenimento deles em um determinado período no hotel, assim tem que estar sempre muito atento.

Existe aquele pai que não beija o seu filho, aquela mãe que já perdeu o encanto pelo marido, filhos muito violentos, agitados demais ou mesmo mimados demais pelos pais, existem pais que consomem seus filhos, filhos que consomem seus pais...

Percebi uma vez que quando uma criança fica um longo período no hotel sem os pais ela se torna mais dócil e sociável, e o mais curioso é que ela chora na hora de ir embora, abraça e beija o monitor que foi mais chato com ela, o mais duro, mais bravo, agora aquele monitor (tio ou tia) que foi o mais legal, que deixou fazer tudo, na maioria das vezes elas nem lembram o nome ou o apelido; o porquê disso, imagino eu, talvez seja porque a criança sinta que tem alguém que se preocupa com ela, e muitas vezes ela não sente isso em casa, por isso se apega ao monitor que demonstra cuidado para com ela. Continuando, conheci uma criança, filha de pais separados, cujo pai morava em São Paulo e a mãe e a criança moravam no Rio de Janeiro; nas férias a mãe viajava para o exterior com o namorado e mandava o filho para SP ficar com o pai. E o que o pai fazia? Mandava a criança para um acampamento infantil todo esse período; conclusão: ela não ficava com o pai, nem o via direito, ou seja, era só alguém dar atenção ou se preocupar um pouco com ela pra ela se transformar na melhor criança do mundo; não preciso mencionar também o quanto era revoltada e agressiva com apenas 9 anos.

Quando esse tipo de coisa acontece na família e você através de uma atitude no trabalho consegue reverter um quadro desse junto à criança, mesmo que momentaneamente, a satisfação pessoal é tão grande que a gente acaba achando que o mundo tem jeito e que não é só violência não.

Uma outra vez eu estava realizando uma dinâmica de grupo para famílias e num determinado momento eu abraçava a família toda, daquele jeito que você aperta todo mundo de uma vez; um casal começou a chorar, um começou a dizer que amava o outro e choraram. Fazia 4 meses que eles não se falavam direito, estavam prestes a se separar, e naquele momento retomaram a relação e estão juntos até hoje.

Acompanhe meu raciocínio: você não sabe o poder que temos nas mãos, lidamos com pessoas e pessoas diferentes, que precisam muito de nós para se soltarem, além disso fazemos eles participarem de brincadeiras e atividades que não fazem parte do seu cotidiano.

Eu estava me referindo ao hóspede, mas será que as situações mencionadas não têm alguma relação conosco, será que essas coisas pertencem somente ao cotidiano dos hóspedes ou também da maioria das famílias, incluindo as nossas?

Todos os seres humanos são insatisfeitos pela própria natureza, sempre sonhamos com aquilo que não temos, ou a grama do vizinho é sempre mais verde que a nossa, etc. Então, de repente, o que você sonhou acontece, maravilha, daí é só esperar uns meses para a monotonia, insatisfação, e outras coisas mais começarem a pesar, essa é a nossa sina em busca da felicidade. A felicidade não precisa ser encontrada, ela está dentro de todos nós, e é tão fácil ser feliz que as crianças conseguem isso brincando.

Para adiantar esse assunto eu digo duas coisas, no sentido filosófico e da forma que se segue:

1 - Aproveite seus momentos e que eles sejam bons, acima de tudo que eles sejam honestos e resultado de um trabalho justo, pois quando você olhar para trás, quando estiver bem velhinho e lembrar deles poderá ser feliz de novo e se orgulhar mais uma vez.

2 – Lembre-se, a concorrência existe; muitos esquecem que não somos inimigos, nosso concorrente é um amigo que nos mostra onde somos fracos e onde temos que melhorar.

Falando de questões pessoais, ou contatos pessoais, acho interessante também neste momento falar sobre postura profissional, naturalmente continuando com a mesma seriedade.

Momento 1 – O contato com o cliente.
Momento 2 – O início do trabalho propriamente dito.
Momento 3 – O contato com o cliente durante o trabalho
Momento 4 – Contato com seus clientes, em segunda instância os clientes do seu cliente.

Lendo isto, pode-se perguntar: regrinhas? Isso pode, isso não pode... nada disso, apenas é que eu conheço um grande monitor, dos que trabalharam comigo, e em uma oportunidade ele chegou em um hóspede, na recepção de um hotel, e disse: "Tudo bem aí, chefe?". Conclusão, o diretor do hotel, um hotel 5 estrelas, ouviu e cortou o monitor, proibindo que o mesmo voltasse para o hotel novamente.

Na realidade a situação foi mais cômica que trágica, pois a pessoa em questão era iniciante no meio, não tinha muita experiência e sempre foi um pouco desesperado, ele achou que o mundo ia acabar; hoje é um dos coordenadores da Colorir Lazer. A pessoa em questão é o Tio Farinha, menos conhecido como Ricardo Ataliba Diogo de Faria, prestes a se formar em Turismo; ele se destacou em um dos nossos cursos, passou a fazer parte do quadro da Colorir Lazer a partir disso. Grande gozador, é quase impossível ficar ao lado dele cinco minutos sem dar muitas risadas; também é conhecido como o Elvis Presley oficial da empresa, isso porque na maioria dos eventos em que é preciso de um Elvis *cover* ele é o chamado.

No trabalho, qualquer que ele seja, toda atenção é pouca, em especial na recreação. Saber onde está pisando, o que pode falar e com quem falar.

Veja o que pode acontecer no contato com seu futuro cliente, caso você queira se aventurar nesse que é um dos mais maravilhosos trabalhos que se tem conhecimento.

Atitude possível para o momento 1: utilize a estratégia da boa apresentação, pois o primeiro contato conta muito; além de expor suas idéias com clareza, um bom projeto já montado conta pontos, e deve-se procurar tomar algumas atitudes deliberadas para impressionar ou mesmo para influenciar. Momento 2: preocupe-se com o detalhe do detalhe, relacione tudo que vai se precisar durante o evento, e com dois dias de antecedência certifique-se que a programação irá fluir sem sustos, delegando e verificando quem é responsável. Momento 3: seja sempre prestativo, mostre organização, isso passa segurança para seus clientes. Momento 4: no operacional, durante a execução do trabalho, o objetivo pelo qual se está ali deve ser seguido ao extremo, na integração, no motivacional ou na recreação pura e simples do grupo; verifique de tempos em tempos se o oferecido está agradando, afinal, em muitos casos dá para transformar insatisfação em felicidade desde que detectada a tempo.

Vou afirmar, ninguém me ensinou nada disso; percebi durante algum tempo de experiência, 10 anos de trabalho, e posso garantir que se alguém tivesse me falado a metade das coisas que estão aqui eu teria errado menos ou sofrido muito menos; as dicas são somente para fortalecer nosso segmento.

Muitos podem pensar: "O cara é louco, está ajudando seus concorrentes". Meus caros, eu estou ajudando naquilo que acredito que é o trabalho, quem não tem competência não se estabelece; já vi muito pára-quedista por aí dizer e acontecer, aparecer e desaparecer, portanto não estou fazendo nada, o que eu quero é um segmento forte e respeitado. Para tanto as empresas que existem, iguais à Colorir Lazer, precisam ter muito mais concorrentes do que as mesmas têm hoje; no final somente os bons restarão.

Para encerrar este assunto, vou deixar claro uma coisa: não sou tão inteligente assim, não sou o dono da verdade, e já dei muito com a cabeça na parede; muito do que escrevi pode não servir para nada, mas digo realmente que, de tudo que se ler aqui, se apenas uma linha servir para alguma coisa já estarei feliz.

Dicas de postura acho outro bom tema, mesmo porque todo mundo se acha *expert*, mas na hora "H"... Algum tempo atrás eu achava um absurdo falar sobre isso, mesmo porque pensava que determinadas situações que demandavam certa postura simplesmente deveriam ser óbvias, conhecidas, só que na prática a coisa é bem diferente. Algumas sugestões primárias:

— Às mulheres monitoras em hotéis é recomendado prender o cabelo;
— Não usar *shorts* muito pequenos ou apertados;
— Não usar unhas muito compridas com esmaltes de cores berrantes;
— Pintura facial pouca ou quase nenhuma, não estamos em um desfile de moda;
— Na piscina as monitoras devem usar maiôs, não biquínis;
— Para os homens cabelos sempre bem arrumados, barba fazer todos os dias; quando estiverem no trabalho no hotel, evitar "costeletas tipo Elvis" ou "cavanhaque de *Bad Boy*". E uma boa conduta, pois a maioria das pessoas acha os monitores de lazer dos hotéis um bando de molequinhos que estão lá somente para ser palhacinhos deles ou dos seus filhos; nunca se esqueça de valorizar a boa aparência, é fundamental, e não estou dizendo bonito ou bonita, digo apenas boa aparência.

* * *

Quem é que não gosta de ver erros de gravação, na TV ou mesmo no cinema? Quando o filme está acabando, é maravilhoso... Daqui para frente o que vai ser lido é nada mais nada menos do que os "erros de gravação" dos tios da recreação no campo de trabalho; o detalhe aqui é que, além de serem reais, envolvem pessoas fora do contexto, deixando a situação mais inusitada ainda.

Veja o que você acha disso:

Situação 1
O tio Bum e o Jaime – feriado de Páscoa/1996 num hotel em Sorocaba, SP.

Descrição: tio Bum era um daqueles tipos meio sérios, meio gozadores, era um cara que você nunca sabia se estava brincando ou falando sério, com um metro e oitenta de altura, cabelos curtos bem claros; nós que trabalhávamos com ele dizíamos que ele era o monitor da social, ou seja, não sabia muito de atividades no hotel, mas conversar com os hóspedes era com ele mesmo, além do que tinha uma fala mansa de locutor de rádio do interior. Já o senhor Jaime, esse sim era uma figura, grande hóspede do hotel, daqueles que estão mais no hotel do que em casa; um japonês bonachão, chegado na cerveja, um pouquinho barrigudo, toda hora que você olhasse pra ele estava tomando uma, era incrível, espalhafatoso, parecia pelo jeitão muito mais um italiano que um oriental. Sua família era muito legal, sua esposa chama-se Vera, e os filhos Roger e o Felipe. Tudo começou com o Felipe, seu filho mais novo, que na época tinha sete anos.

História: nosso amigo Alex, é, aquele que eu já mencionei, o repórter de rádio, ele chegou para o Jaime e contou que o tio Bum era inexperiente e tudo mais, pedindo para que o Jaime pregasse uma peça no tio; não deu outra: nesse meio tempo o infeliz do tio Bum estava participando de uma gincana com as crianças quando de repente passa pelo tio Alex e pelo Jaime, correndo atrás do Felipe, que para se esconder do tio entrou no bar da piscina do hotel; nesse momento ele ficou com medo e quase chorou, foi aí que o tio Bum falou: "Felipe, foge, porque eu não vou pegar você, mas não conta pra ninguém", pois estavam participando de uma gincana, e se todo mundo ficasse sabendo que o tio deu moleza a brincadeira poderia dar errado. Muito bem, depois de uns cinco minutos, o Jaime chamou o tio Bum aos berros, e quando o Bum chegou perto dele, Jaime disse: "O que vocês estão fazendo com as crianças aqui? O meu filho chegou aqui chorando, o que vocês estão fazendo, batendo nas crianças por acaso? Seu f.d.p.!!! Eu vou falar com o gerente do hotel, vocês vão todos se f...". O coitado do tio respondia pelo amor de Deus, eu não fiz nada com o seu filho, não grita, não, daqui a pouco vai chegar polícia, fala baixo, e foi correndo falar comigo, que era o monitor responsável pelo período. Bum dizia: "Kako, Kako, nós vamos perder o hotel". Fiquei desesperado, e falei calma, conta o que aconteceu; foi aí então que eu me acalmei, "todas as fichas caíram", mesmo porque eu sabia que o Jaime era um grande brincalhão, só que eu continuei dando corda, dizendo que o Jaime era fogo, "você não podia ter mexido com o filho dele", e tudo mais, mas se era assim iríamos falar com ele. Chegamos ao bar da piscina e Bum ficou um pouco mais atrás, achando até que poderia apanhar do hóspede; no entanto, antes de alcançar o Jaime, quem me abordou foi o Alex, com lágrimas nos olhos de tanto rir, porque ele armou todo o esquema e ficou escondido vendo tudo. Ele me contou e eu me segurei para não rir, afinal queria manter a pose para continuar com a brincadeira. O Jaime estava preocupado com tio Bum porque achou que pegou um pouco pesado, na minha frente ele chamou o Bum, pediu desculpas e disse que era tudo uma pegadinha; cumprimentou o Bum, o que o mesmo retribuiu, meio aliviado.

Resumindo, na seqüência do episódio, o tio Bum foi para o banheiro e ficou lá uma meia hora, de tanto nervoso que passou.

O Alex organizou tudo isso porque ele mesmo uns meses antes se dera "mal" com o Jaime. Depois dessa naturalmente eles ficaram amigos, e sempre que vinha um monitor novo nós todos pedíamos para o Jaime aprontar uma com o novato.

Situação 2
Fábio Souza *in concert* – **carnaval/97** –
hotel em Sorocaba, SP.

O Tio Fábio tem aproximadamente 15 anos de experiência na área de lazer em hotéis; quando alguns de nós estávamos nas fraldas este homem já agitava no segmento. É um dos cara mais cínicos que já conheci, naturalmente no bom sentido, difícil conhecer um cara mais bem humorado; aliás isso é próprio de pessoas inteligentes, o que sem dúvida é o caso.

Moreno alto, magro, com seu estilo carioca de ser, bem apessoado, sempre que alguém olhar para ele verá um leve sorriso de canto de boca, juntamente com um leve sarcasmo. Atualmente atua como publicitário de forma independente, e já me perguntei o porquê de nenhuma empresa grande de publicidade ainda não o ter descoberto; acho até que ele que não quer ser descoberto, afinal tem seus clientes, vive bem, e é isso que importa. Já na recreação, foi coordenador, implantando sistemas de recreação em alguns dos maiores hotéis e *resorts* do Brasil.

Ele é muito carismático e muito humilde também; lembro como se fosse hoje do trabalho em que eu fui seu coordenador algumas vezes. Veja a discrepância, eu tinha um ano de experiência com recreação, ele uns seis anos na área, inclusive como coordenador, e nós tivemos um excelente momento de trabalho juntos, porque nos respeitávamos muito, o que possibilitou um ótimo ambiente sem gerar nenhum tipo de problema. Mas eu sentia que às vezes no trabalho ele fazia somente o mínimo necessário, afinal, na minha opinião ele é dotado de grande potencial.

Muito bem, vamos à situação: este grande amigo, no exercício da profissão, trabalhando na faixa etária dos adultos, deparou-se com um hóspede que sempre via sentado, aqui ou ali no hotel; fazendo sua tradicional abordagem, perguntou: "E aí? Tudo bem? Nós vamos fazer uma caminhada, se o senhor quiser ir, encontre-nos às 10h00 na recepção do hotel, tudo bem?". "Tudo bem, se der eu vou", e tudo mais. O hóspede não foi e o Fábio, que é muito ligado mais tarde, quando encontrou o distinto hóspede, para fazer média falou: "Puxa, não foi na caminhada, foi superlegal, mas não tem problema, amanhã tem outra e o senhor vai nessa, ok?". O hóspede sempre desconversava, dava um sorriso amarelo e respondia que ia ver, etc. e tal.

De novo o hóspede não foi; no entanto, no outro dia à tarde, o Fábio se deparou com ele e o convidou para jogar futebol, o que da mesma forma ele desconversou.

No dia seguinte Fábio viu o hóspede sentado à beira da piscina, e bem pertinho dele resolveu organizar uma partida de pólo aquático, só que antes de começar, já com alguns hóspedes na água para o jogo, Fábio, com a bola na mão no meio da piscina, convidou o hóspede para jogar pólo; resultado: ele desconversou mais uma vez, só que como o Fábio normalmente conseguia uma integração muito legal dos adultos no hotel, que é nosso maior objetivo, começou a falar para o pessoal que estava com ele no pólo: "Olha aí, pessoal", e apontou para o hóspede, "ele já boicotou nossas caminhadas um monte de vezes, e ontem ele também não foi jogar futebol. Vamos lá pessoal, vamos dar uma vaia pra ele!". Uma meia dúzia que estava com ele na atividade vaiou o hóspede. De repente chega a mulher do cara, que inadvertidamente nem tinha ouvido nada, com a cadeira de rodas para o hóspede: o homem era paraplégico. Na hora o Fábio foi abaixando na piscina, até ficar igual a um jacaré, só com os olhos para fora da água. Não sei se é para rir ou para chorar; Fábio não fez nada errado, como ele ia adivinhar, ele sempre via o distinto sentado...

Não precisa nem falar que o hóspede foi embora do hotel no final de sua estada elogiando muito o trabalho do Fábio, pois a partir disso teve atendimento *vip*.

No mais, o que fica desta história é que toda atenção é pouca, porque por mais que você faça o certo às vezes podem acontecer situações inusitadas como esta; no meu entendimento acho que aconteceu com a pessoa certa, mesmo porque Fábio tem *feeling* e tato para reverter uma passagem assim, e digo tranqüilamente que poucos que eu conheço conseguiriam.

Situação 3
Júlio César em *Aquaman* – pacote de Natal/ 97.
Também em hotel em Sorocaba.

Uma das coisas mais cômicas é observar que às vezes falta no ser humano um pouco de humildade; menciono isso porque se você está em um lugar com muitas pessoas conversando e você não entende o assunto, ou não o domina, é melhor ficar quieto, pois se quiser fingir que sabe falará bobagem. Então vai a dica: não comprometa seu trabalho fazendo aquilo que não sabe ou que não domina ainda, tudo bem?

Veja agora este caso, que teve como protagonista o tio Galo.

Muito bem, quem é e como se parece o Júlio César, ou melhor, o tio Galo? Uma das melhores lembranças que tenho dele é que no primeiro trabalho que me contrataram para organizar atividades motivacionais para um evento eu o chamei para trabalhar comigo; não posso negar, foi uma grande experiência. De qualquer forma, é um cara bastante pacato, estilo bonachão, com um humor afiado próprio de quem nasce na zona Leste de São Paulo, e ainda por cima é corinthiano, outra de suas qualidades na minha opinião, moreno, com 1,80 m de altura aproximadamente, um pouco barrigudo.

Este ser humano, em local e período já mencionados, preparava-se para executar sua sensacional hidroginástica, em uma manhã de sol à beira da bela piscina do hotel. Arrebanhou os hóspedes, que caíam de todos os lados na piscina, e então ele começou: "Vamos lá, mãos na cabeça, e um, e dois, e um, e dois, pro lado, pro outro, tá bonito, tá bonito..." isso e aquilo e tudo mais, aí de repente encosta uma menininha atrás dele e começa a tentar empurrá-lo na piscina, e ele todo delicado: "Não filha, não faz isso com o tio, não", e solta aquele sorriso amarelo; ela volta e tenta empurrar o tio novamente e ele: "Não, pára, o tio depois brinca com você". Meu amigo, não havia nada que fizesse a menina parar de encher, isso perdurou por quase meia hora; por fim a menina deu sua última investida no Galo, porque toda vez que ela vinha tentava derrubá-lo na piscina e fugia, mas nesta última ela se distraiu e ele não teve dúvida, na hora que ela veio empurrá-la ele estava atento, pegou no braço da menina e fez um excelente arremesso. Quando a criança estava no ar a mãe dela, que estava na aula de hidroginástica do tio Galo deu um grito: "Ela operou o ouvido ontem!".

Imagine essa menina após o arremesso olímpico do tio, concluindo uma parábola perfeita em direção à piscina, o grito da mãe e o tio tentando dar uma ponte em direção à menina, como se ela fosse uma bola e ele o goleiro da seleção brasileira... vou confessar que fiquei com inveja dele, quantas vezes ficamos "arrepiando" na hidroginástica, daí vem um filho de hóspede perturbar-nos no trabalho, isso quando não nos derrubam de fato na piscina, no meio da aula.

Resultado, alguém realmente muito rápido conseguiu tirar a menina bem ligerinho da água, o que em nada afetou seu ouvidinho operado.

Situação 4
Alex Miller – hotel em Sorocaba.

Estava este jovem elemento em um feriado que no momento não me ocorre, mesmo porque jamais naquela época poderia imaginar que em algum momento poderia estar relatando o fato desta forma... Muito bem, estava trabalhando com a faixa etária adulta, desenvolvendo as atividades de lazer; como o hotel tem 13 alqueires, tem um campo de futebol onde normalmente no período da tarde é organizado, dentro da programação, um torneio de futebol (acho importante dizer que a programação de lazer nesse hotel é dividida em duas, ou seja, uma esportiva para os homens jogarem futebol, e para as mulheres e homens que não gostam de futebol é organizada uma atividade cultural, assim dessa forma conseguimos agradar a um maior numero de hóspedes).

Tio Alex organizou três times, sendo que acabou jogando como goleiro em um dos times; a coisa fluía muito bem, até que uma morena maravilha começou a se aproximar do campo de futebol. Imaginem a cena, o Tio Alex, goleiro, a bola rolando no outro gol, deixando-o bastante tranqüilo para chamar o atacante do outro time e mencionar: "Nossa, meu, você viu que mulher gostosa?". O hóspede respondeu meio sem jeito: "Ela é a minha mulher!".

O que você acha que aconteceu? Na hora o Alex quase desmaiou; como isso não aconteceu, ele simplesmente abraçou o hóspede e pediu um milhão de desculpas, ele falava para o hóspede: "Como é que eu poderia saber, eu não fiz por mal, me desculpe...". O interessante da história é o seguinte: sorte ou azar, eu respondo do meu ponto de vista, acho que os dois, porque quando eu disse que o hóspede ficou constrangido, ele não só ficou constrangido como ficou muito mais que o Alex, além disso percebeu o azar do tio, aí está a sorte; no mais, o hotel estava lotado, havia aproximadamente duzentos adultos lá, ele teceu o comentário com o único que ele não podia; aqui cabe o azar, não acham? Não se comenta uma coisa dessas a não ser que você conheça bem o seu interlocutor.

O que me vem na lembrança era a cara dele contando essa história para a gente no alojamento após o fato ocorrido e eu e os demais monitores quase morrendo de tanto rir.

Na realidade estou mencionando muitos episódios ocorridos há alguns anos, assim acho interessante mencionar também algo acontecido de 2000 para cá...

Situação 5
Hotel em Itatiba, Páscoa.

Imagine esta situação: a Colorir tem em seu quadro de monitores um jovem chamado David Leonardo Preto, ou melhor, o tio Preto, rapaz muito bonito para as meninas de plantão, mais ou menos 1,76 m de altura, 79 quilos, cabelos espetados pretos estilo Bart Simpson, olhos verdes, corpinho de *surf boy*, sem dúvida boa pinta o rapaz, muito esperto, ótimo monitor, formado por um dos cursos da Colorir. Nessa época ele usava um brinquinho, que nós por critério sempre sugerimos para que ninguém use no campo de trabalho, afinal existem uns que abusam utilizando dois em cada orelha; no entanto, em função de seus próprios méritos, acabou se tornando um de nossos coordenadores. No hotel em Itatiba, este rapaz estava prestes a cometer um desatino quase do tamanho do mundo.

Muito bem, estava o tio Preto no hotel lotado e alguns monitores sob a sua orientação. E decide com a ajuda dos hóspedes e das crianças preparar um Judas para a malhação, bem típica desse período. Daí, de acordo com a descrição do tio Preto, foi o maior agito, com a participação geral, eles não só malharam o Judas como o queimaram também. Após uma hora do ocorrido, recebi uma ligação no escritório de que havia ocorrido um problema sério no hotel. Quem havia me ligado era a Mônica, proprietária do hotel, dizendo que estava louca de raiva do tio Preto; em um primeiro momento achei que fosse uma pegadinha, porque os donos do hotel idolatravam o tio Preto em função de seu trabalho e comprometimento, quando de repente veio a bomba: ela me disse que não admitia em seu hotel a malhação do Judas. Eu também concordo, mesmo porque no passado eu já tive problemas sérios com uma malhação de Judas, pois havia judeus no hotel e se nós continuássemos com o ritual eles iriam embora. Mas retornando ao tio Preto, em Itatiba, não havia judeus no hotel, para nosso alívio, em um primeiro momento; mas a coisa era bem pior, pois os donos do hotel não só eram como são judeus; quase caí duro no escritório, imagine o tio no hotel!

É, a vida tem desses percalços. Deve-se sempre perguntar no hotel se há algum problema nesse tipo de atividade, se há hóspedes judeus no hotel, ou nunca utilizar esse expediente.

Depois de todo o ocorrido, e todos os panos quentes colocados, a calmaria voltou a reinar no hotel e no que tange à relação da empresa de recreação com o hotel parceiro. Tio Preto ligou na empresa para relatar o fato a este que escreve, nós ficamos pelo menos uns 10 minutos rindo, ele achara que eu ia brigar com ele, eu achava que ele iria estar desesperado, mas nada disso aconteceu, tivemos uma conversa muito boa sobre o ocorrido.

Situação 6

Também em 2000, só que em Sorocaba, estávamos realizando um evento para um cliente do hotel, era uma festa de integração de familiares e funcionários de uma empresa; foi um evento muito interessante, afinal estávamos trabalhando com 35 monitores somente neste dia. Tudo muito bom, tudo ocorrendo bem. Onde quero chegar é que havia dentro da equipe um monitor conhecido como Alemão, que não é nenhum Alemão que se possa ter conhecido no mercado, mesmo porque esse saiu de um dos cursos da Colorir Lazer e nunca trabalhou em nenhuma outra empresa; faço essa observação porque só eu no mercado conheci uns quatro tios chamados Alemão, e provavelmente os profissionais do meio devem conhecer um monte também.

Seu corpo é muito parecido com o do Guga Kuerten do tênis, alto e magro, rosto sempre com um sorriso, um leve ar de cansado, olhos azuis, pessoa muito boa e pura, quase com um quê de ingenuidade, com grande carisma; é o tipo de pessoa que todo mundo gosta, e assim como o ex-tio Alex, está ingressando na carreira de jornalismo também.

Em um determinado momento do evento, o tio Alemão ficou cuidando do toboágua. Fui até ele perto do toboágua para passar-lhe uma informação, só que quando eu estava falando com ele percebi alguma coisa errada no contexto, mas não entendia o que era; deixei passar. Depois de uma hora, vieram quatro monitores me chamar e me mostrar o Alemão, vocês não imaginam, ele estava de cueca; em um evento que tinha mais de mil pessoas, o louco estava com a camiseta da Colorir e de cueca, ainda bem que nenhum hóspede se deu conta do ocorrido. Foi uma das coisas mais engraçadas que eu já vi, deixe-me explicar melhor: o monitor em questão, quando lhe foi solicitado para que ficasse no toboágua, o que ele fez, achou que estava de sunga por baixo do *short* e quando chegou no alto do toboágua tirou o *short* e ficou com a camiseta da Colorir, e não percebeu que ao invés de estar de sunga estava apenas de cueca... Eu disse que achei alguma coisa estranha na conversa que nós tivemos, imaginem a cena, ele no alto do toboágua, eu embaixo, o som rolando na piscina; daí eu me lembrei do momento da conversa, e cheguei a pensar: sunga branca de bichinho... é isso mesmo, tinha uns desenhos, eram umas joaninhas, ou seja, cuequinha de algodão branca cor de nuvem com bichinhos. Quando nós pensávamos que o episódio Alemão já havia terminado, eis que surge uma nova notícia: como o evento era muito grande, com muitos participantes, o almoço foi servido na piscina, e para irmos até o restaurante do hotel, primeiro tinha-se de passar por toda estrutura montada de almoço para o evento; nosso amigo andou mais uns quinhentos metros em uma subida na rampa do hotel já descrito, é isso mesmo, ele foi até o restaurante do hotel, que estava vazio, somente com dois faxineiros limpando-o, e então o louco perguntou cadê todo mundo? Cadê a comida? A resposta: "Tio, o almoço está sendo servido na piscina...". Alemão foi até o restaurante, só que para ir até lá passou onde estava o almoço. Depois desse dia eu tive certeza de que essa pequena criatura é clinicamente louca.

Sem mais comentários sobre o fato.

Situação 7
Desespero demais, tempo de menos – hotel em Amparo, SP, março de 2001.

Informações complementares: o hotel em questão é um dos mais requintados, é de qualidade superior, com decoração em estilo indiano. Como foi recentemente inaugurado ainda há extremo cuidado com todos os detalhes. Seus proprietários têm grande poder financeiro; para que se tenha uma idéia, existe um elefante de madeira na recepção de aproximadamente R$ 20.000,00, ou U$ 9.000,00, com um metro e meio de altura por um metro e meio de largura; é uma das coisas mais lindas que já vi na vida. O hotel é absolutamente luxuoso.

No começo foi muito difícil implantar o nosso sistema de recreação, pois os proprietários sempre estavam no hotel e no total, quando estava toda a família no hotel, eram aproximadamente 10 pessoas; o complicador disso é que todos se consideravam nossos chefes, dando muitos palpites no nosso trabalho, sendo bastante duros com os monitores às vezes, para não dizer outra coisa.

Muito bem, nós nos reportávamos ao Sr. Luís, um dos proprietários, e no caso havia a Dona Sônia, mãe do Luís, uma senhora muito fina e muito elegante, uma mistura *clean* de Hebe Camargo com Vera Loyola, só que com um detalhe: além dela não ser nem um pouco simpática com os monitores ela passava a impressão que não gostava do nosso trabalho, em alguns casos parecia até perseguição. Muito bem, fomos levando a coisa no maior profissionalismo possível, mas quando a mulher aparecia os monitores tremiam...

Então ocorreu um fato bastante curioso: em um receptivo na entrada de um pacote de férias os tios Tom, Andres e tia Bolsa estavam fazendo a recepção do pijama, com aquela alegria toda que caracteriza os monitores de lazer em um hotel, quando de repente Dona Sônia se aproximou dos monitores e disse: "Eu não quero bagunça no hotel, não me estraguem nada e cuidado com as crianças para que elas não destruam nada!". Já foi aquele baixo astral; a senhora em questão saiu de cena e nesse mesmo instante a tia Bolsa encostou no elefante da recepção. O paquiderme possuía uma jóia como uma coroa no alto da sua cabeça, e a jóia, com a proximidade da tia, acabou caindo no chão. Os monitores se entreolharam quase com pânico nos olhos. A tia tentou umas três vezes colocar a peça no lugar, só que a mesma teimosamente caía no chão toda vez; aí foi a vez do tio Andres, com seus cabelos espetados iguais aos do Bart Simpson, com sua voz de trovão, bem apessoado mas muito detalhista para o meu gosto, outro monitor formado nos nossos cursos. Voltando para o problema em questão nada dava jeito; foi aí que o Tom disse: "Deixa comigo!" e tentou uma centena de vezes e nada. Eles já estavam pensando em colocar um prego na escultura, já estavam suando frio, dizendo frases do tipo "Nós vamos todos ser mandados embora!", "Se a mulher chegar a casa vai cair!", "Estamos perdidos!", quando de repente surgiu o salvador, um funcionário da recepção do hotel, que disse "Eu resolvo!". Já não acreditavam em mais nada, tudo parecia perdido quando ele tentou uma vez apoiando as duas mãos na testa do monumento, bem devagar, quando ouviram a voz da Dona Sônia se aproximando. Os corações dos tios dispararam quando de repente a jóia caiu de novo, o funcionário a segurou no ar e a colocou em milésimos de segundo na cabeça do bicho de qualquer jeito, tirou as mãos mais rápido ainda e virou de costas e disse: "Boa noite, Dona Sônia". Ela mal respondeu. O incrível é que a jóia não caiu nunca mais e os monitores nunca mais se aproximaram menos que dois metros de distância do elefante só por precaução.

Somente para constar, a tia Bolsa é uma baixinha que sempre está com um sorriso estampado no rosto; este foi um dos poucos momentos em que o sorriso sumiu da sua face. O tio Tom também tem sempre um sorriso no rosto e é uma pessoa muito boa, excelente amigo e muito, muito fiel.

Situação 8
Magrão – novembro/1999 – eventos em Atibaia e Bragança.

Passou a fazer parte da nossa rotina realizar um trote para aqueles monitores que estão em seu primeiro trabalho na empresa, posso até dizer que é muito mais uma pegadinha para deixar o novato doido do que alguma coisa que afete sua integridade.

Como poderia descrever este tal tio Magrão? Talvez como um pai de família que vive dos seus trabalhos com recreação e lazer, divididos 60% na Colorir Lazer e 40% com outras boas empresas do seguimento, com aproximadamente 1,88 m de altura, naturalmente magro, com um rosto que mais parece um desenho errado, orelhas um pouco abertas, mas não muito, lembra em alguns momentos um homem das cavernas, não por ser rude, muito pelo contrário, ele é um doce de pessoa, não fosse assim sua especialidade em lazer não seria crianças de 3 a 6 anos.

Ele é o protagonista de muitas, mas muitas situações engraçadas na empresa. Vou mencionar apenas dois absurdos com sua participação. Num deles quem se deu mal fui eu mesmo. Estávamos em Atibaia, em um dos hotéis atendidos nessa região, onde o infeliz saiu após o dia de trabalho e se dirigiu a um barzinho, bem na frente do hotel; eu, como estava quebrado, pois o dia tinha sido muito duro, resolvi não sair e fui dormir. Depois de umas duas horas, dois monitores chegaram correndo no alojamento dizendo que o tio Magrão tinha bebido muito e que estava caído na rua bem na frente do hotel. "Não estou nem um pouco preocupado", respondi, "quero que ele passe a noite inteira lá e acorde com o sol na cara, só não quero que ele se atrase para o trabalho amanhã pela manhã". Os dois monitores foram embora; depois de uns 5 minutos eles voltaram com o Magrão carregado, cheirando a cachaça, e colocaram-no para dormir bem ao meu lado. Daí para frente começou aquela conversa de bêbado, ele me dizendo: "Tio Kako, eu só tomei uma, eu estou legal, pode ficar tranqüilo", e tudo mais. Como eu não estava nem ligando, não sei o que deu nele, de repente ele levantou da cama e tentou conversar comigo, só que nesse momento ele ameaçou vomitar em mim; não deu outra, dei um pulo da cama, agarrei o Magrão e o levei direto para o banheiro, eu ia dar um banho nele de roupa e tudo; só nesse momento eu acreditei que ele realmente estivesse bêbado; coloquei-o com a cabeça no vaso sanitário para ver se ele vomitava e foi então que ele começou a chorar, dizendo que a vida estava dura, que ele não estava bem em casa, e que o primo dele havia morrido afogado no mesmo dia (fato esse verídico), vocês não podem imaginar, o cara é um ator, então coloquei a mão no seu ombro e falei para ele ficar calmo, tudo vai dar certo. Foi só eu falar isso que os dois monitores que estavam do lado de fora do banheiro começaram a rolar de rir, sabem por quê? Apenas porque era tudo mentira, não passou de uma pegadinha, o Magrão no banheiro quase caiu no chão de tanto que riu, eu disse só uma coisa para ele: " Magrão você está me devendo e ninguém morre me devendo, tudo que vai volta".

Deixei rolar; isso aconteceu no meio de um feriado. No dia de irmos embora, tive minha chance. Respondi a uma pesquisa daquelas que o hóspede responde em relação aos serviços do hotel, uma avaliação geral; coloquei um número de apartamento qualquer, falando muito bem de todos os serviços do hotel, elogiei muito a empresa de recreação mas falei muito mal do Magrão, dizendo que ele era grosso com as crianças, que não voltaria para o hotel se o tio Magrão estivesse trabalhando nele, que ele falava palavrão na frente das crianças, enfim, acabei com ele, mas isso não é nada, naquele hotel nós tínhamos um ótimo relacionamento com o gerente, e sempre acompanhávamos os resultados das avaliações. Entreguei a pesquisa para o gerente e falei para ele entregar para o Magrão, que quando a viu começou a suar, falando: "Não é possível, eu nunca fiz isso com ninguém!". O gerente começou a cair em cima dele dizendo que por causa dessa pesquisa a média dos resultados da recreação iria cair, logo a média da empresa iria cair, e se os donos vissem essa pesquisa a Colorir Lazer até poderia sair do hotel. Ele se desesperou, tentava adivinhar qual dos hóspedes havia preenchido a pesquisa e tudo. Após meia hora de vingança eu tive o prazer de anunciar que tudo não passava de uma brincadeira, para ele não se preocupar. Ele disso bem assim: "Vocês querem me matar, vão me enfartar, é todo mundo louco...".

Uma observação: não pense que no trabalho a única coisa que acontece é um monitor aprontar com o outro, de jeito nenhum, afinal colocado dessa forma pode-se criar a ilusão de que é uma festa. Preste muita atenção, estes são alguns relatos de uma coletânea de quase dez anos na área, e o foco agora é justamente este, portanto não ache que sempre é assim e fique esperando só as pegadinhas; muito pelo contrário, prepare-se para o trabalho, ok?

Somente para concluir, esse tipo de brincadeira só ocorre quando a parceria entre a empresa de recreação e o hotel é bem afinada, mesmo porque em algumas pegadinhas há a participação de gerentes de hotéis ou mesmos funcionários; no entanto, isso não acontece com empresas que assumiram o lazer no hotel ontem, está claro?

Encerrando o assunto Magrão, estávamos em um hotel em Bragança desenvolvendo um trabalho com uma equipe de nove monitores. Nós iríamos ficar no hotel durante três dias. Nesse grupo estava uma tia chamada tia Carol. Ela era enorme; o que quero dizer é que a altura dessa menina era de quase 1,80 m, além disso, esse era o segundo trabalho dela na empresa. O Magrão já logo no começo do evento me falou para aprontarmos alguma para a menina. E falei que contanto que não a matasse por mim tudo bem, meu único pedido é que eu queria participar de alguma forma. Ele respondeu que tudo certo.

Muito bem, depois de algum tempo o referido elemento se aproximou me dizendo qual era a idéia, o que ele iria fazer: simular um ataque dos nervos para ela ficar desesperada. Foi o que aconteceu na mesma noite: ele arrumou uma desculpa para dormir no mesmo quarto dela, junto com mais uma monitora, que por acaso entrou na dança também.

Durante o dia todo os monitores falavam para a Carol que o Magrão tinha um problema com drogas, e que na empresa todos sabiam, mas mesmo assim nós o tínhamos contratado, e que ele tremia porque fazia tempo que não bebia e nem usava drogas. À noite, após as atividades, fomos dormir, só que nós ficamos no corredor bem perto da porta do quarto. Magrão pegou um sal de frutas, para o estômago, e pôs na boca para fingir que estava espumando, como se estivesse tendo realmente um ataque.

Naturalmente que quando o teatro começou ela foi bater no meu quarto, digo no meu quarto porque o Magrão demorou tanto para agir, para dar um certo realismo à coisa que eu não agüentei e fui dormir, fato esse que quando ela bateu no meu quarto tomei um enorme susto, porque realmente dormindo eu já estava.

Quem é de fora não conhece o louco do Magrão; a gente foi rindo pelo corredor até chegar no quarto. Quando nós chegamos, foi duro de acreditar que era brincadeira: o cara estava virando os olhos, espumando pela boca, completamente duro com o corpo todo travado, nós tentávamos colocá-lo em pé, aí a Carol disse: "Calma, amigão, calma, amigão", toda preocupada; nós todos o soltamos e começamos a rir, aí ele falou: "Puxa, vocês vêm para me salvar, daí eu começo a melhorar e me soltam no chão!". Foi uma gargalhada só e uma correria só, porque quando a Carol percebeu que era uma pegadinha ela começou a atirar sapatos na gente, um acabou pegando na minha mão e confesso, doeu muito.

A gente se diverte muito nesse trabalho, mas nunca se esqueça qual é nosso principal objetivo: trabalho, trabalho e trabalho.

Talvez um dia eu me dedique a escrever um pouco mais somente sobre esses momentos, porque eles existem para dar sentido a nossas vidas; nós nos deparamos com situações inusitadas, exigindo nosso máximo para nos trazer à prova ou para nos mostrar do que realmente somos capazes, ou sendo um pouco mais profundo, acredito que todos nós estamos aqui para evoluir, porém tais situações contribuem para aquilo que está por vir em nossas vidas, aperfeiçoando-nos como seres humanos.

* * *

Vou abordar um assunto que talvez em princípio quem ler vai achar que eu sou louco.
Pois lá vai...

Trabalho é vida; muita gente pode estranhar tal afirmação, mas muitos consultores de empresas afirmam e reafirmam essa máxima. Quem ainda não se deparou com uma pessoa que está sempre bem disposta tocando sua vida, então a mesma se aposenta e em menos de dois anos na maioria das vezes a mesma pessoa envelhece 10 anos. Quem não tem um caso assim em sua família use essa informação para se preparar para qualquer atitude radical na vida, afinal de contas o assunto está ligado a experiências sobre trabalho, e é por isso que é no mínimo polêmico.

Os proprietários de empresas de recreação no Estado de São Paulo, mais especificamente onde me incluo, com sede na Mooca, São Paulo, capital, são as pessoas mais imbecis que eu conheço, aqueles que eu conheço, e os que não conheço são mais imbecis ainda. Naturalmente vocês vão querer saber o porquê.

Muito bem, em 2000 eu assessorei 48 empresas em 48 eventos diferentes, afinal a Colorir Lazer não é só um empresa de recreação, ela também desenvolve projetos para empresas em eventos com apoio logístico, *staff*, controle da agenda, criação de temas, atividades socioculturais e motivacionais. Na maioria desses eventos o tema central é o crescimento de seus produtos ou serviços em seu segmento de mercado.

Em uma conveção uma empresa farmacêutica menciona que tal medicamento cresceu 5% em relação ao medicamento tal de seu concorrente, ou uma empresa de defensivos agrícolas menciona que perdeu 6% para outra em determinado produto, ou mesmo uma montadora menciona seu crescimento em unidades em relação à concorrência... aqui está o "X" da questão, pois tudo isso é demonstrado através de gráficos com riqueza de detalhes.

Sabem como isso é possível? Primeiro porque as grande empresas de qualquer setor se comunicam, segundo porque em setores decentes do mercado há controle de índices que todas as empresas do mesmo segmento têm acesso, sabem por quê? Porque acima de tudo as grandes empresas têm interesse no crescimento do segmento em que as mesmas atuam.

Em nosso segmento de imbecis, onde me incluo porque até agora eu não fiz nada também a respeito, o fato é que não há um índice, um termômetro, um direcionamento do que as empresas de recreação movimentam em termos financeiros, quantos clientes atendem e qual é o seu crescimento ano a ano, quantos colaboradores empregam em trabalhos temporários ou mesmo funcionários efetivos.

Algum tecnocrata ou teórico de plantão (eu conheço vários) poderá dizer que há índices no setor de turismo ou hoteleiro que podem nortear nossa força de trabalho, mas eu direi que é bobagem, mesmo porque não vejo como saber que o setor de turismo cresceu 34% no Brasil na comparação 1999/ 2000 (fonte

Embratur). Isso só nos ajuda a saber que nosso segmento está aquecido, no entanto não me diz quantas empresas de recreação existem no Estado de São Paulo ou mesmo no Brasil, ou qual é a força que as empresas de recreação e eventos possuem hoje, e muitas outras questões que ficam sem resposta...

Até quando não vamos nos comunicar, até quando vamos ser tratados como meninos pelos empresários do setor hoteleiro, quando vamos ser tratados como empresários, mesmo porque há setores que nos respeitam, há empresas que vêem a Colorir Lazer e a respeitam como uma das grandes empresas do setor, há escolas que a Colorir Lazer assessora, que nos respeitam como empresa parceira que as ajuda a educar seus alunos com opções de passeios que colaboram na assimilação de seu conteúdo programático...

Parceiros, empresários da recreação e amigos, comuniquem-se, pois a culpa dessa situação é nossa, do nosso segmento, que ainda é mambembe, e o pior é que a maioria não se dá o respeito, ninguém, digo isso de boca cheia, absolutamente ninguém no nosso segmento se dá ao respeito, não tem sequer a menor noção de sua força ou o significado da palavra ética ou do que nós todos representamos como setor da economia; somos um setor da economia com grande força, que movimenta alguns milhões, que gera milhares de empregos, paga seus impostos e tudo mais, assim como o setor hoteleiro, com quem juntos estamos inseridos no segmento de turismo. Nossos índices têm que ser retratados por nós e não por terceiros, que em sua maioria nem lembram que existimos.

Meu apelo é bastante simples: sejam um pouco mais éticos, não pensem mais micro, e sim macro, ou seja, não pensem só em suas empresas, mas deixem um pedacinho de preocupação para o segmento em que vocês estão inseridos. Conversem entre si evitando dar chapéu em empresas co-irmãos, que na maioria dos casos são as que os inserem no mercado, e às vezes em menos de um ano de atuação no segmento trocam grandes amizades por quatrocentos ou quinhentos reais a mais no final do mês.

Não vamos agir como desesperados por dinheiro; já cansei de ver os amigos de hoje se tornarem os inimigos de amanhã por causa de dinheiro. Sejamos éticos, não tomemos decisões que possam prejudicar um companheiro. Não quero viver num conto de fadas, com todos felizes no final, claro que isso não é a vida real, apenas o que peço é um pouco de respeito, uma atitude profissional, ação de empresários, porque alguns não acreditam, mas somos empresários.

Não tenho a intenção de colecionar inimigos no segmento, muito menos de me tornar um mártir, só que é preciso dar um alerta: se nós não nos unirmos, iremos permanecer fragmentados. Com a globalização o mundo se agrupa em blocos, buscando o fortalecimento. No nosso país estão se instalando muitas multinacionais hoteleiras, e é possível que venham também empresas para nos fazer concorrência...

Quem sabe um dia nós todos possamos nos unir para transformar nosso trabalho em algo bem mais organizado, podendo assim proporcionar a absorção de milhares de jovens que se formam todos os anos em Turismo, Hotelaria, Educação Física, Pedagogia, Psicologia, etc...

De alguma forma temos que contribuir, e sei que nós podemos!.

No mais, deixo um pensamento, que foi ampliado depois de um sonho...

Sonho com o dia...
Em que todas as pessoas possam viver como um monitor de lazer ou recreacionista.
Ele não é obrigado, mas realiza...
Ele não promete, mas traz...
Ele vive a alegria, que às vezes não partilha...
Alegria por oferecer momentos mágicos
A todos e em todos os eventos.
Ele é o motivo da mais pura alegria.
Trabalho, duvido!...
Apenas "Amor".
Às vezes muito cedo, ele fica às vezes até bem tarde.
Profissão que oferece apenas carinho
Para o pequenino, que vibra com um lindo sorriso
Que só ele entende.
Para os casais o cotidiano ele consegue mudar,
Quem vive isso sabe o que digo.
Para os velhinhos só cuidados e admiração,
Que são recompensados com um grande dia de êxito.
Se não é a mais profunda dedicação,
Talvez seja algo um pouco mais do alto,
Que com um leve sopro faça com que esses loucos (monitores) consigam em cada momento de trabalho encher os corações das pessoas com um pouco mais de ternura e de amor.
Com essa semente desse trabalho, quem sabe, meu sonho possa se tornar realidade,
Com famílias mais felizes, com profissões tão dignas quanto a nossa.

Talvez quem sabe esse nosso mundo se transforme
Com mais carinho e com mais amor.

Luis Gustavo "Kako"

Parte 2

Conceitos sobre recreação, sua origem, definições, princípios, além da pedagogia do brincar, objetivos, o que é fundamental, jogos, preparação de participantes, explicação e algumas orientações a monitores.

Estamos no início milênio e todos estão preocupados com temas como qualidade total, diminuição de custos, automatização das tarefas, Internet e outros, que deixam claro que está sobrando cada vez mais tempo livre para todos. Que tal aprender o que há de melhor em recreação e lazer, afinal alguém tem de organizar e produzir atividades para que todos tenham a tão sonhada melhoria na qualidade de vida.

Cabe a nós, profissionais da recreação, organizarmos e dirigirmos estes eventos que toda empresa hoje busca para o lazer de seus funcionários. Não importa sua área de atuação, escolas, clubes, acampamentos, empresas de lazer ou outros, o que é importante é que conosco você aprenderá e conhecerá as tendências atuais da recreação e do lazer.

A recreação tem sido considerada atualmente uma das grandes soluções para a melhoria da qualidade de vida do ser humano. Hoje todos levamos uma vida muito agitada, mas com certeza tanta automação fará com que nosso tempo livre aumente e nada melhor que o lazer, orientado ou não, para ocupar esse tempo livre.

Está mais do que provado que a recreação não é somente brincar, nem tão pouco correr atrás de uma bola, jogando queima nas aulas de educação física; recreação também é um estado de espírito. Existem algumas dúvidas: esporte é lazer? Arte é lazer? Trabalho pode ser lazer? É possível o lazer em países pobres? As pessoas se educam no lazer?

Estas são algumas questões que nos preocupam, e que tentaremos responder e analisar em vôo rápido sobre a vida e cotidiano de nossa população percorrendo os meandros da recreação e tomando contato com essa atividade maravilhosa que preenche nosso tempo livre.

LAZER

Propriedades do Lazer

Um bate-bola entre amigos numa rua ou numa praia é uma atividade de lazer. Uma caminhada a pé ou de carro sem rumo também. Da mesma forma é lazer assistir a uma palestra de um escritor ou sobre um tema que se aprecia. Ou cuidar da casa, de plantas, fazer pequenos consertos, assistir à novela, ao noticiário de tevê. Freqüentar um grupo formal ou informal, sob pretextos sérios ou banais.

O que têm em comum atividades tão diversas? Quais as propriedades semelhantes que permitem reuni-las sob a mesma designação de atividades de lazer?

Essas atividades têm em comum, entre outras coisas, a característica de ocupar o tempo livre do trabalhador e do cidadão em geral, principalmente após a década de 50, falando-se de Brasil, pois foi justamente nessa época que, com algumas mudanças radicais nas leis trabalhistas, o trabalhador passou a ter mais horas livres, e a ocupação saudável desse tempo livre de uma maneira proveitosa tem sido uma preocupação constante de vários estudiosos do assunto.

Levando-se em conta que nós podemos participar de três maneiras de uma atividade de lazer, praticando, assistindo ou observando (estudando), podemos começar a falar de algumas atividades recreativas que passaram a fazer, e outras que ainda continuam fazendo, parte do dia-a-dia dos profissionais de lazer.

Tempo Livre

Considera-se o tempo individual disponível, livre de trabalho obrigatório, mais ou menos independente de compromissos objetivos. Nesses últimos 100 anos o acréscimo de tempo livre na sociedade industrial foi considerável. Isto tem, sobretudo, causa econômicas (aumento de produtividade no trabalho e crescimento no consumo), ligadas a uma série de fatores sociopolíticos e normativos. Para efeito de estudos não se conta como tempo livre atividades como trabalhos domésticos, cuidados higiênicos, tempo gasto com alimentação, descanso, compras, cuidar das crianças, etc.

É óbvio que tais tarefas enganam a diversidade na distribuição real do tempo livre. A diversidade de profissão, idade, sexo, tamanho da casa, etc. têm influência relevante sobre a extensão do tempo livre, já que destas características dependem as obrigações objetivas e as necessidades fisiológicas. Além do mais o tempo livre de cada um não é distribuído igualmente, mas em grandes blocos e fases desiguais. O tempo livre dos dias úteis é relativamente curto e mal dá para atividades de lazer diversificadas e planejadas. Ao contrário, o tempo livre dos fins de semana é uma fase longa de "cultura de lazer" independente, e de numerosas possibilidades de vivência e ações intensivas.

Comportamento de Lazer

É a quantidade de atividade das pessoas (ação receptiva, recreativa, lúdica, contemplativa ou criativa) que aplicam em seu tempo livre. Aqui se apresenta a questão do conteúdo e das situações na aplicação do tempo livre, assim como dos grupos de população paras os quais são típicas as respectivas e determinadas formas de comportamento de lazer.

Como o lazer mais detalhado e determinado por uma classe de formas de ação, só se poderá entendê-la o suficiente caso seja percebida interligada às necessidades, motivações, objetivos, normas e aptidões dos indivíduos, segundo os quais são escolhidos.

Como estas disposições individuais, por sua vez, dependem do respectivo respaldo social em que são adquiridas, a diversidade com que os valores da estrutura social atingem as pessoas poderá explicar, em grande parte, a dispersão do comportamento individual no lazer.

Lazer como Setor de Comportamento

Numa sociedade industrial desenvolvida, a correlação de instituições, sistemas sociais, poderes, escala cultural, indústria, mercado e meios de comunicação que estruturam o comportamento de lazer de uma população e em cujo seio se realizam processos de modificação. O lazer se apresenta, cada vez mais, como área social autônoma, oposta ao trabalho, de desenvolvimento próprio, da qual já não se podem deduzir as modificações no trabalho e que fazem recair seu efeito sobre a sociedade como um todo. Nele faz-se representar tanto a cultura popular como a qualidade das condições de vida, consumo particular e estilo de vida, assim como áreas relevantes da participação pública. O desenvolvimento deste setor possivelmente indica a evolução da sociedade de consumo para uma sociedade de lazer.

Com base neste aspecto, ter-se-ia que perguntar pelas dependências e funções sociais. Como o esporte de lazer está embutido nos sistemas parcelados da economia, no poder político, na comunicação de massa, na educação e cultura? Receberia um cunho maior pelas controvérsias sociais ou seria mais um campo de espontaneidade e da evolução? Seria dominado mais por interesse, ou serve ao bem comum? A que condições de trabalho e meio ambiente ficam sujeitos seus desenvolvimentos?

Todas estas questões até agora não foram respondidas a contento e nem podem ter resposta aqui. São desafios às pesquisas sobre o esporte de lazer. Suas respostas poderiam contribuir para um julgamento mais realista das imaginações ideológicas e de otimismo de muitos dirigentes e planejadores do esporte, assim como para um apoio mais objetivo e transparente do esporte de lazer.

Critérios para o Comportamento de Lazer

Como o esporte utilizado durante o lazer representa um conteúdo e uma atividade específica do comportamento de lazer ampliam-se os critérios gerais do comportamento de lazer que o distinguem de outros modos de conduta no trabalho, nas tarefas domésticas, nos compromissos profissionais ou públicos, etc. Entretanto, o estabelecimento destes critérios provoca algumas dificuldades. Por um lado, depende de uma posição teórica do observador e do seu interesse de justificativas diversificadas em separar áreas ainda pouco pesquisadas da realidade social. Um marxista, por exemplo, poderia achar que as controvérsias básicas do sistema capitalista atingem todas as áreas da vida, de maneira que o comportamento de lazer reflete apenas uma maneira de alheamento do indivíduo do trabalho ou da participação política. Do ponto de vista de determinada antropologia humanística poderia se achar que o lazer é aquela área em que o homem pode dispor livremente sobre si mesmo, encontrando na ação uma autêntica auto-realização. Estes e muitos outros posicionamentos continuam sendo debatidos, mas até hoje não esclarecem satisfatoriamente o conceito dado ao lazer.

Sociólogos orientados para a ciência experimental vão procurar critérios de comportamento no lazer que seguem a mencionada separação do tempo livre, determinam o objeto pragmaticamente, sendo analisáveis por dados obtidos. Assim, alguns autores definem genericamente o lazer como "aquela atividade que não resulta necessariamente de papéis funcionais centrais" como é o caso das obrigações impostas pela profissão, segurança material da família, educação dos filhos, participação política, integração no tráfego, etc. Esses autores chamam a atenção, com razão, que a maneira de desempenho destes papéis é uma questão empírica, isto é, depende dos fatores que determinam as relações concretas da vida do indivíduo, por exemplo, profissão, vencimento, formação familiar, cargos públicos, idade, sexo, local de moradia.

Este conceito do lazer tem pelo menos duas falhas. Inicialmente, limita o lazer simplesmente por um critério negativo. Atrás disso está a imagem de uma sociedade para cuja manutenção o comportamento dentro de determinados papéis sociais é muito mais importante que o comportamento de lazer.

Examinando-se as presentes sugestões de definição e os resultados de pesquisas sobre o esporte de lazer por este prisma, chega-se aos seguintes critérios no comportamento do lazer:

— Predominância da necessidade de expressão individual;
— Predominância de experiências que se referem à pessoa como um todo, ao invés do desempenho de papéis específicos. Como as situações de lazer, em geral, contêm uma multiplicidade de estímulos para a ação, possibilidades de vivência e contatos com pessoas ou apresentam a possibilidade de intensa articulação e identificação, eles podem criar numerosos motivos diversificados ou poucos motivos altamente intensificados;

— Liberdade de escolha e alternância relativamente grande das atividades escolhidas: pode-se configurar uma situação de lazer, de forma relativamente flexível, e não ficar necessariamente preso a uma só atividade;

— Variabilidade no emprego do tempo: quanto mais dispersivo for o tempo livre de uma população, usado para alguma atividade, tanto mais provavelmente esta pertence ao lazer;

— Considerando-se o lazer sob o ponto de vista da integração social e determinando-se como avalia, controla e integra seu comportamento socialmente, pode-se afirmar: no comportamento do lazer, as expectativas de adaptação do indivíduo referentes ao desempenho "correto" de seu papel são menores do que em papéis específicos, por exemplo, na *performance*.

Resumindo: lazer é o espaço de tempo não comprometido, que podemos usar livremente porque já cumprimos nossas obrigações de trabalho e de vida. Cada qual preenche este espaço de tempo a seu modo, segundo os costumes de seu grupo e segundo seu estilo de vida pessoal. Ex: ler, jogar futebol, cinema, etc.

SOCIEDADE DE SERVIÇOS

No início deste século, as sociedades industrializadas estão passando por um processo radical de transformação, tornando-se sociedades caracterizadas como de serviços.

Simplificando a questão, pode-se dizer que a sociedade industrial, cuja principal atividade era a produção de bens a partir de matérias-primas processadas industrialmente, por máquinas movidas por fontes de energia e operadas pelos recursos humanos, está se transformando em uma sociedade na qual a principal atividade econômica consiste na oferta e no fornecimento de serviços, processados por recursos humanos, com ajuda de equipamentos (recursos materiais).

Assim, a principal atividade econômica do mundo atual é o turismo, área típica do setor de serviços, que deve movimentar 3,4 trilhões de dólares por ano, em todo o mundo (10,1% do produto bruto do planeta).

RECREAÇÃO

Conceito de Recreação

O importante para uma atividade ser dita de recreação não é o seu tipo, porém a atitude (ou disposição mental) de quem a faz. Por isto, domingo é dia de pescaria para quem não é pescador... O profissional de pesca provavelmente acha que domingo é dia de assistir à TV.

Qualquer atividade pode ser considerada recreativa, desde que o indivíduo a ela se entregue de livre e espontânea vontade, sem buscar outro objetivo que não seja o prazer da própria ocupação. Nela encontra a satisfação íntima da necessidade de recrear, ao que se deve somar, naturalmente, aprovação da sociedade (pois há coisas que podem divertir uns mas prejudicar outros).

A recreação abrange uma multiplicidade de experiências, de modo que o ponto comum entre todas as atividades reside na atividade mental de quem a realizar.

A recreação sempre existiu, porque corresponde a uma necessidade do próprio homem. Não se trata de moda atual.

A história mostra que ao lado das atividades destinadas a garantir-lhe o sustento o homem sempre buscou outras que lhe dessem prazer. E essa alegria aparece quando ele consegue expressar a sua personalidade. O longo passado das canções, lendas e contos populares (que além de transmitirem e conservarem as tradições serviam de passatempo), a eterna presença dos vários jogos e danças (que não só fortaleciam os guerreiros e agradavam aos deuses mas ao mesmo tempo divertiam a todos) e as artes manuais (que sempre floresceram nos grupos humanos) são prova da constância deste anseio de auto-expressão através dos tempos.

As escavações da arqueologia têm trazido à tona vestígios que confirmam o longo passado da recreação. Exemplos desse interesse, sempre manifestados por atividades gratuitas e prazerosas, são objetos com acabamento finamente decorado, toda sorte de enfeites para o corpo e utensílios, instrumentos musicais e brinquedos encontrados em ruínas e túmulos da Antiguidade. Até no período pré-histórico, em luta perene contra os elementos naturais, consagrava o homem tempo a ornamentar machadinhas de sílex e recortar caprichosamente em formas variadas facas de pedra, fazer desenhos em dentes de mamute, esculpir figuras de ossos e a pintar paredes de cavernas, sempre procurando harmonia de cores.

Entre os nossos índios podemos apontar a belíssima cerâmica marajoara, as tatuagens e pinturas do corpo, os enfeites de plumas coloridas, o gosto por variações estéticas nos instrumentos musicais, etc.

Origem da Recreação

A recreação, inicialmente, surgiu desde os primórdios da humanidade, de forma natural, instintiva e espontânea, através dos folguedos infantis; só mais tarde se estendeu à vida do adulto. Rousseau nos ensina: "O menino deve ser educado para a liberdade... Não se deve obrigar um menino a ficar quando ele quer ir, nem constrangi-lo quando quer ficar onde está...".

Os parques infantis surgiram na segunda metade do século XIX. As idéias em que eles se inspiraram são aquelas dos precursores da "Escola Nova", que já defendiam um processo educacional liberto do formalismo, concedendo à criança os seus legítimos direitos à recreação, em face dos seus interesses e necessidades.

Definições da Recreação

É tudo aquilo que diverte e entretém o ser humano; é definida também como as atividades das horas de lazer, que se caracterizam pela livre escolha, espontaneidade de ação, prazer e ativa participação do ser humano.

É o desenvolvimento espontâneo e agradável do ser humano em seus momentos não comprometidos, objetivando a satisfação das necessidades psicológicas, espirituais e fundamentais de descanso e entretenimento.

É a atividade das horas de lazer para satisfação das necessidades de criar e de expressar-se naturalmente; essa atividade, seja física ou psíquica, é motivada pelo interesse, resultando disso o prazer.

Analisando e correlacionando lazer e recreação, usando como exemplo uma atividade típica de lazer nos feriados:

Ir acampar = LAZER.

Ativ. recreativas neste acampamento = RECREAÇÃO.

De acordo com o comportamento e a forma de participação podemos classificar a recreação em três tipos distintos, que vão fazer toda a diferença na hora de montarmos o nosso plano de trabalho com recreação:

Passiva – indivíduo participa como espectador.
Ativa – quando a participação é direta com atuação em jogos e brincadeiras.
Mista – além de observar, a pessoa tem participação ativa.

Alguns princípios gerais norteiam a recreação, princípios esses expressos em vários documentos da UNESCO, Secretaria de Esportes e Ministérios de Educação e Cultura de nosso país.

Princípios da Recreação

1 – Toda criança precisa tomar parte em jogos e atividades que favoreçam seu desenvolvimento, e que proporcionem prazer, por exemplo: correr, andar, rolar, nadar, dançar, patinar, jogar bola, cantar, tocar instrumentos musicais, dramatizar, fazer coisas com as próprias mãos, trabalhar e brincar com pedras, paus, areia e água, construir, modelar, criar animais domésticos, praticar jardinagem e apreciar a natureza, fazer experimentos científicos, participar de jogos por equipes, realizar atividades em grupos, ter aventuras e expressar seu espírito de companheirismo;
2 – Toda criança precisa descobrir que atividades lhe proporcionam satisfação pessoal. Deve ser ajudada a adquirir nelas as habilidades fundamentais. Algumas atividades devem continuar sendo praticadas até que as crianças se tornem adultas;
3 – Toda pessoa precisa ter certas formas de recreação que ocupem pouco espaço e pouco tempo;
4 – Toda pessoa precisa conhecer bem certo número de jogos de salão e ao ar livre, que sejam agradáveis e evitem que passem por momentos em que não saibam o que fazer;
5 – Toda pessoa deve ser ajudada a adquirir o hábito de achar prazer na leitura;
6 – Toda pessoa precisa conhecer bem algumas canções de boa música para poder cantar quando desejar;
7 – Toda pessoa deveria aprender a fazer algo belo com linhas, cores, sons, formas e o uso harmonioso de seu próprio corpo. E se não for capaz, por

si mesmo, de satisfazer-se com tais formas de atividade, deveria encontrar prazer na pintura, entalhe, escultura, fotografia, dança, etc. praticados por outros;

8 – Toda pessoa deve aprender a manter hábitos ativos e saudáveis, respirar "fundo" ao ar livre e ao sol. Desde que a finalidade da vida é viver e não negociar, nossas cidades deveriam planificar-se mais para viver do que para trabalhar e comercializar. O sol, o ar, os espaços abertos, os parques e campos de jogos são essenciais para a vida da qual esperamos contínua satisfação;

9 – Deve-se animar e incentivar todas as pessoas para que tenham um ou mais *hobbies*;

10 – É de grande importância educar o ritmo das pessoas, pois sem ritmo o homem é incompleto;

11 – Em cada dez anos, um é utilizado para se alimentar. Deve-se procurar iluminar esta décima parte da vida humana com o jogo da inteligência, para que a alimentação não seja uma função apressada e apenas fisiológica, mas uma oportunidade para o exercício do companheirismo e desenvolvimento da personalidade. Comer deve ser um acontecimento social e, no lar, algo como uma verdadeira cerimônia cordial e íntima;

12 – As atividades recreativas mais importantes são aquelas que a pessoa domina do modo mais completo, de tal forma que possa entregar-se a elas dando tudo o que tem e o que é;

13 – O descanso, o repouso, a reflexão e a contemplação são, por si mesmos, formas de recreação e nunca devem ser substituídos por formas mais ativas;

14 – Só se obtém uma completa satisfação do recreio através de algum tipo de auto-realização, seja ele qual for;

15 – As formas de recreação do adulto geralmente, mas não sempre, deveriam permitir o emprego das potencialidades não utilizadas em outros setores vitais;

16 – A pessoa atinge o ponto máximo em recreação quando a atividade escolhida cria nela um espírito de jogo e um senso de humor que, de alguma maneira, estendem-se às suas horas de trabalho, ajudando-a a encontrar prazer nos pequenos acontecimentos da vida;

17 – Os alegres jogos da infância são essenciais para um crescimento normal. As pessoas normais devem ter sido crianças que brincaram bem e alegremente. E essa normalidade se conserva enquanto permanece o espírito brincalhão da infância;

18 – Participar como cidadão na criação de uma melhor forma de vida, da qual todos podem compartilhar, é uma das formas mais satisfatórias da recreação.

Esses princípios denotam a importância que a recreação tem, basta agora somente aplicarmos e darmos chance para que todos tenham acesso a meios de ocupação digna do tempo livre.

Obs.: Nunca confundir lazer com ócio, que é uma forma de utilização do lazer completamente improdutiva, na qual o indivíduo não enriquece sua personalidade nem acrescenta nada de útil à comunidade.

É o mesmo que "não fazer nada". Jamais deve ser confundido com lazer e recreação.

QUEM TRABALHA COM RECREAÇÃO E LAZER

Alguns autores denominam recreador aquele que é o orientador e estimulador da recreação e recreacionista aquele que participa da atividade de recreação.

O profissional além de tudo tem algumas características e um perfil que o diferencial de outros profissionais.

O Perfil e Características do Profissional do Lazer

1 – Formação: o profissional do lazer não deve necessariamente ser formado em algum curso superior. Nem deve ser formado por algum curso superior específico. Porém a formação universitária pode contribuir para a sua capacitação profissional e para um melhor desempenho. Alguns cursos são mais interessantes neste caso (Turismo, Educação Física, Educação Artística);

2 – Informação: o profissional do lazer deve ser uma pessoa muita bem informada. Saber o que acontece no seu tempo, no seu lugar, no seu Estado, no seu país, no mundo e no seu campo profissional. Deve ler sempre jornais, revistas semanais, revistas especializadas nas diferentes áreas relacionadas. Assistir a noticiários, acompanhar todas

as programações culturais (incluindo esportivas) que acontecem em sua comunidade e em sua cidade. Procurar informações sobre aquelas que não pode acompanhar diretamente;

3 – Comportamento e atitude: o profissional do lazer trabalha com pessoas individualmente, em pequenos grupos, em grandes grupos e em massa. Deve se relacionar bem com todas as pessoas, indistintamente, com simpatia e naturalidade, porém separando na medida do possível o lado profissional do pessoal. Deve haver sempre alguns limites para o envolvimento pessoal com as pessoas que participam da atividade;

4 – Atualização: o profissional do lazer deve ser também uma pessoa atualizada, deve estar em dia com o seu tempo social e cultural;

5 – Imaginação e intuição: deve ser capaz de utilizar em seu trabalho estas características humanas inerentes a todos os seres. Somos pessoas que devem saber usar bem nossas diferentes capacidades de raciocinar, de imaginar e de intuir.

6 – Criatividade: neste caso, entendida como capacidade de adaptação às circunstâncias, aos recursos disponíveis, como capacidade de transformação do que existe em termos de idéias, de alternativas, de possibilidades de recursos;

7 – Cooperativismo: o profissional do lazer deve ser sempre capaz de trabalhar ou de atuar em grupo, em equipe, em conjunto. Isolado e solitário, poderá fazer muito pouco. Deve aprender a incentivar e estimular as pessoas a expressarem suas capacidades e o seu potencial. Cumprir e respeitar as normas do grupo;

8 – Dedicação: assumir o que faz ou que pode fazer. Estar sempre pronto a atender as pessoas, cujo interesse nas atividades vem como resposta à sua atuação profissional. Concluir sempre o que começou. Muitas vezes, o encerramento de uma atividade pode significar o início de outras (desdobramento);

9 – Comunicação: saber se comunicar nos dois sentidos (expressar e escutar). As informações e idéias do público, dos colegas de profissão ou de curso serão geralmente interessantes para alimentar o seu processo de trabalho;

10 – Auto-formação permanente: finalmente, o profissional do lazer desenvolve um processo de auto-formação permanente. Estar sempre procurando aprender, em cursos, com os colegas, participando de eventos, e também de modo autodidata. Buscar permanentemente novas informações profissionais, responsabilidade, conhecimento da programação, bom humor, conhecimento do ser humano, conhecimento dos objetivos do acampamento ou outro local de trabalho.

O que se espera do monitor? Responsabilidade e entusiasmo.

Características pessoais:

simpático	alegre	descontraído
dinâmico	paciente	amigo
bom ouvinte	participativo	atuante
pontual	educador	sério
coerente	comunicativo	carismático
simpático	líder	companheiro
boa aparência	extrovertido	prestativo
facilidade de expressão	boa dicção	
organizado	gostar do que faz	

Conduta:

educado	higiene	sociabilidade
profissional	não fumar	não beber
bom vocabulário	organizado	disciplinado
didático	inteligente	honesto
bom senso	atencioso	carinhoso
flexível	versátil	

Conhecimentos:

primeiros socorros	recreação
relações humanas	marketing
pedagógico	didática

10 Mandamemtos do Recreador

1 – Conhecer as expectativas do grupo;
2 – Respeitar as regras do jogo ou da brincadeira;

3 – Saber impor a disciplina nas propostas de recreação;

4 – Dividir adequadamente as equipes para que não haja supremacia destacada de um dos grupos participantes;

5 – As explicações devem ser breves, claras e objetivas;

6 – Utilizar, sempre que possível, demonstrações práticas para auto-afirmar o objetivo pretendido;

7 – Ter na atividade de recreação um reforço para a socialização dos participantes e não a formação de grupos antagonistas;

8 – Ser um estimulador constante, devendo manter o equilíbrio na fonte de interesses, deixando sempre o prazer de "querer mais";

9 – Dar ao participante toda atenção, carinho e compreensão;

10 – Dar o exemplo.

A PEDAGOGIA DO BRINCAR

O valor dos jogos pedagógicos é incontestável; tanto as brincadeiras individuais como grupais favorecem o desenvolvimento cognitivo e socioafetivo da criança, constituindo excelentes auxiliares no processo de aprendizagem. As aulas tornam-se mais atraentes, variedades dinâmicas e bem mais produtivas. Através de pequenos jogos e brincadeiras vai-se desenvolvendo na criança o senso de responsabilidade, hábito de participar, observar, fazer, criar, relatar, imaginar e ir em busca de algo, concluir e gostar do que faz.

É grande a responsabilidade do professor de educação física ao iniciar formas básicas de movimentos, primários, e secundários, e nada melhor do que orientar e ajudar as crianças de uma forma recreativa, fazendo com que a participação seja mais ativa, pois as crianças não toleram muitas regras e imposições. Por isso, através de jogos simples, podemos envolvê-las com um trabalho bem orientado, específico, acompanhando sua movimentação, vendo suas dificuldades, corrigindo-as e aprimorando seus movimentos; o objetivo maior não é torná-las crianças superdotadas, mas sim facilitar o seu desenvolvimento motor.

Quando o ser humano se movimenta (jogando ou brincando), raciocina rapidamente e assim ocorre um melhor desenvolvimento psicológico, além de se apresentarem oportunidades de desenvolvimento social.

Objetivos de Brincar

— Coordenação neuromuscular;
— Capacidade de observação;
— Integração social;
— Curiosidade e cooperação (espírito de grupo);
— Eliminar a timidez e a agressividade;
— Orientar o interesse pela competição saudável;
— Eliminar o ócio e o vício;
— Instruir moralmente;
— Revelar regras e regulamentos;
— Divertir.

O que é Fundamental para um Bom Desenvolvimento Pedagógico da Brincadeira

Deixar a criança à vontade; sendo gradualmente incentivada, ela descobre aquilo que precisa saber através das brincadeiras. É através do brincar que a criança desenvolve todo o seu potencial de energia. É pelo jogo que se descarrega toda a sua agressividade. A criança cresce brincado, é através dos brinquedos que ela executa suas experiências. "O brinquedo é a mais refinada forma de educação."

A espontaneidade e a iniciativa só podem ser desenvolvidas na ação livre, por isso é importante que após serem estimuladas através de equipamentos e situações criadas pelos professores ou orientadores, a criança, por iniciativa própria, exercite suas variadas habilidades, manuseando os equipamentos ou descobrindo maneiras novas de brincar. A experimentação variada, as modificações e sugestões de tarefas com os objetos usados nas brincadeiras, ou simplesmente com o uso da imaginação, aumentam a experiência da criança, desenvolvendo segurança e habilidades em seus movimentos. Em cada nova situação a criança expõe seus conhecimentos.

O grau de motivação é elemento determinante para as brincadeiras livres, despertando o interesse da criança para a ação.

Para isso é fundamental a variedade de objetos e equipamentos, que podem ser os mais variados: bolas de borracha, colchões de ginástica, bambolês, sucatas, roupas velhas e outros.

A parceria convida à brincadeira, por isso estimule também as atividades em conjunto; deixe as crianças formarem grupos e crie situações nas quais o amiguinho exerça um papel fundamental para a atividade.

A criança aprende a integrar-se como parceiro de conversas e brincadeiras, a expressar seus desejos, colocando-se em harmonia com os interesses dos outros; isso facilita o processo da fase de transição "do eu" para a "do nós".

A brincadeira comum favorece o descobrimento da criança de que, como indivíduo, depende dos outros, sendo reconhecido como parceiro.

Para isso não é somente preciso apresentar as melhores habilidades esportivas, mas também um comportamento de consideração, lealdade, disposição para empenhar-se. Uma criança de três anos já é capaz de observar criticamente o comportamento dos outros e sua qualificação para as brincadeiras. Nas atividades recreativas vai aprender a reconhecer a vitória dos outros e também seu próprio insucesso.

Toda criança é dotada de muita criatividade, muita imaginação e capacidade de improvisação; assim sendo, quanto mais habilidades motoras dominar e quanto mais souber diferenciá-las, tanto mais interessante, estimulante e atraente será a soma de todas as "habilidades", resultando em brincadeiras que cumprem todos os objetivos pedagógicos, que muito auxiliarão nossas crianças no seu desenvolvimento completo dentro e fora da aula.

JOGOS

"Antes dos homens os animais já sabiam jogar"
(Johan Huizinga – *Homo Ludens*).

Já entre os romanos as corridas, os combates e o teatro eram considerados essenciais. Eles se julgavam com direito sagrado aos jogos. Na Idade Média, os cavaleiros com suas armaduras reluzentes simbolizavam a função teatral dos torneios medievais, como forma de cortejar. No Renascimento, a elite, consciente de si própria e procurando se isolar tratava a vida como um jogo de perfeição figurada. As figuras mitológicas, as alegorias, os astros e os elementos históricos, tudo era como peças de um jogo de xadrez. Nos séculos XVII e XVIII, o uso de perucas pela classe burguesa era uma forma de prazer lúdico, assim como hoje as crianças brincam num *play-ground*.

Funções do jogo: a essência do jogo está, justamente, na intensidade e no poder de excitar. A psicologia e a filosofia se esforçam em observar, descrever e explicar os jogos entre animais, crianças e adultos. "Forma de se livrar de um excedente de vitalidade", "inclinação inata à imitação", "exercícios preparatórios à vida séria". "domínio de si próprio" e até "satisfação de desejos irrealizáveis" são algumas caracterizações do jogo.

Para o historiador holandês, acima de tudo, "Todo jogo é, antes de mais nada, uma ação livre. Sua existência não está ligada a nenhum grau de civilização, a nenhuma forma de concepção do universo. Podemos negar até o sério (como universo oposto ao jogo), mas a existência do jogo é inegável".

Já o ganhar e perder está diretamente associado ao jogo e só existe quando há adversários. Chegar ao fim num jogo individual não significa ganhar, pois ganhar é "manifestar superioridade" no jogo. O impulso primário é de suplantar os outros, ser o primeiro, ser homenageado. "Para jogar, verdadeiramente, o homem deve retornar à condição de criança durante o jogo".

Prazer de voltar a ser criança: o jogo é uma atividade que tem um fim em si mesma e, como está fora da esfera da utilidade ou da necessidade material, tensão e alegria acompanham a ação e agem descontraindo e integrando grupos. Jogando, cada indivíduo se desliga de tudo e de qualquer grau de civilização e deixa que seus impulsos mais primários tomem conta de si. Aí justamente está a chance de, juntas, as pessoas se conhecerem melhor. Elas ficam mais soltas, abertas e receptivas. A primeira oportunidade que tiver não deixe escapar: experimente fazer com que seus amigos joguem e se revelem voltando a ser crianças.

Preparação dos Participantes

Mesmo nos jogos mais simples os participantes devem estar preparados, pois mediante tal comportamento está o sucesso do jogo ou brincadeira.

É importante considerar sempre o número de participantes e o objetivo em si da atividade, dar-lhes as instruções necessárias e incutir-lhes o censo de participação, o acato e respeito às regras, caso contrário perder-se-á o respeito dos participantes e afetar-se-á a sensibilidade ética daqueles que se esforçam por disputar honestamente, anulando o propósito recreativo e construtivo do jogo.

Principalmente nos jogos realizados em grupos, os participantes devem estar conscientizados do espírito grupal a ponto de vibrarem nas vitórias, mas respeitando os vencidos. Devem estar certos de que a ação em conjunto, na tentativa de conquistar algo em comum, é a tarefa mais importante.

Sabendo que os comportamentos variam de idade para idade e de sexo para sexo, o monitor, ao trabalhar com uma ou outra turma, deve levar sempre em consideração seus gostos, interesses e suas necessidades. Isto, porém, não significa que uma atividade deva ser feita somente para um ou outro grupo, pois geralmente o jogo realizado para ambos os sexos torna-se muito mais interessante e desperta muito mais entusiasmo no ambiente.

Sendo assim os participantes, independente de idade ou sexo, estando preparados, participarão com mais alegria, mais segurança e atingirão os objetivos propostos, que visam a nada mais que a formação de sua personalidade.

Explicando o Jogo

Reunidos os participantes em local apropriado, a primeira preocupação do monitor é explicar minuciosamente as regras, perguntando e tirando todas as dúvidas possíveis, sendo sempre comunicativo e objetivo. No caso de jogos que necessitem de formação especial é melhor colocar os participantes na posição indicada e depois dar instruções e indicações.

A explicação deve ser feita com entusiasmo, no início da atividade. Para isso o monitor deve usar um tom de voz firme e decisivo, sem dar a impressão de ditador.

No desenvolvimento do jogo, após a definição dos princípios, regras e funcionamento da atividade, o monitor deve transmitir a todos os participantes a sensação de que sabe bem o que está fazendo. Cada palavra ou gesto deve representar vigor e entusiasmo. Conquista a cooperação e o entusiasmo através de estímulos do sorriso e da simpatia.

É comum, apesar da prévia preparação, haver erros e confusões, porém o monitor deve estar pronto a sanar o imprevisto tratando de levar o fato para o lado cômico, mantendo assim um clima agradável entre os participantes.

Algumas atitudes recomendadas aos monitores quando estiverem animando determinado jogo:

1 – Saber colocar-se de modo que não atrapalhe a movimentação dos participantes;

2 – Falar claramente, sem gritar; saber colocar-se no centro do grupo, não ter receio de usar palmas ou apitos para chamar a atenção para a explicação que vai começar; o apito não é anti-pedagógico quando usado racionalmente;

3 – Cuidar da sua postura e atitude, pois certamente os participantes estarão observando sua maneira de ser e de agir;

4 – Observe o comportamento e as reações dos participantes, durante o jogo; mediante essas observações poderá traçar o "perfil psicológico" de cada participante, pois terá dados suficientes para orientá-los conforme suas necessidades, aptidões e interesses.

Orientação aos Monitores

1 – "Mate um jogo antes que ele morra". Permitir a morte lenta de um jogo não só prejudica o espírito do grupo como deixa uma recordação desagradável nos jogadores;

2 – Para iniciar um jogo, dê-lhe um nome, coloque os jogadores em formação adequada, explique-o, demostre-o, responda às perguntas; então inicie-o sem demora. Ao término "premiar" os vencedores;

3 – Obtenha a formação com maior rapidez possível;

4 – Não explique nada enquanto não houver silêncio.

5 – Faça a demonstração pessoalmente ou com um ou dois jogadores. Vale mais uma boa demonstração do que uma explicação;

6 – Se um jogo não se anima detenha-o, aplane as dificuldades e logo o reinicie;

7 – Prepare tudo que for necessário para o jogo antes de começar a apresentá-lo. Uma vez começado não deve haver espera por demarcações e identificações;

8 – Ensine os jogadores a "parar", "olhar" e "escutar" logo que soar o apito;

9 – Em jogos coletivos, anime especialmente o time perdedor;

10 – Para evitar erros, deve se marcar nitidamente as linhas divisórias e a delimitação do campo;

11 – As "chegadas e corridas" devem ser longe de paredes ou cercas;

12 – Acompanhe os retraídos e faça-os tomar parte ativa no jogo. Uma palavra de animação, o sentimen-

to de responsabilidade e pequenas vitórias fazem milagres com pessoas tímidas;

13 – De vez em quando, o monitor deve tomar parte do jogo.

Segue na próxima parte uma lista de jogos e brincadeiras com seus objetivos, materiais necessários à sua execução e uma classificação com a faixa etária sugerida, que em um contexto geral deveria sempre ter uma idade mínima, de acordo com as características físicas, motoras e cognitivas de cada faixa etária, mas a idade máxima depende de cada grupo e das adaptações que podemos fazer para conseguir despertar o interesse de adultos e adolescentes em geral, pois, afinal, quem não gosta de brincar e jogar, enfim, de ser feliz?

Parte 3
Jogos

A GALINHA DO VIZINHO (brincadeira)
Faixa etária sugerida: a partir de 3 anos.
Objetivos: ritmo, concentração.

Desenvolvimento e formação: os alunos, com as mãos dadas, fazem uma grande roda. Vão girando no ritmo da música. Quando chegarem no "bota dez", todos ficarão de cócoras.

A galinha do vizinho
Bota ovo amarelinho.
Bota um, bota dois,
Bota três, bota quatro,
Bota cinco, bota seis,
Bota sete, bota oito,
Bota nove, bota dez!

ADIVINHAÇÃO (brincadeira)
Materiais: folha de papel e lápis ou caneta.

Faixa etária sugerida: a partir de 10 anos.
Objetivos: raciocínio lógico matemático.

Pedir para os alunos tentarem descobrir a próxima letra da seqüência abaixo:

U D T Q C S S O N ...

Resposta: A próxima letra deve ser "D". Percebeu? A sequência é formada pelas letras iniciais dos números naturais: um, dois, três, quatro . . .

ADIVINHAÇÃO (brincadeira)
Material: nenhum.
Faixa etária sugerida: a partir de 10 anos.
Objetivos: descontração, raciocínio lógico matemático, concentração.

Pedir a um aluno que pense um número de 1 a 9. Depois peça que ele some 1 ao número pensado. Depois, que multiplique o resultado por ele mesmo. Em seguida que subtraia 1 do produto dessa multiplicação. Daí, peça que o resultado da subtração seja dividido pelo número pensado no começo. Por fim, pergunte qual o resultado conseguido no final de todas essas contas, subtraia 2 desse resultado e você terá "adivinhado" o número que o amigo pensou no começo!

APONTE O QUE OUVIU (brincadeira)
Material: nenhum.
Faixa etária: a partir de 5 anos.
Objetivos: esquema corporal e atenção.

Alunos em círculos, o professor começa a brincadeira tocando um participante em qualquer parte do seu corpo, por exemplo braço, e deverá dizer qualquer outra parte, por exemplo "este é meu nariz". O participante tocado imediatamente deverá pôr a mão no nariz; não o fazendo deverá pagar uma prenda. Aquele que acertar dará prosseguimento ao jogo, tomando o lugar do professor.

ARGOLAS COLORIDAS (brincadeira)
Materiais: argolas coloridas.
Faixa etária: a partir de 5 anos.
Objetivos: percepção visual, coordenação, agilidade.

Argolas de várias cores espalhadas pelo chão, crianças andando ao redor das argolas no ritmo de uma música; quando a música parar as crianças tentam pegar o maior número de argolas; ganha quem conseguir pegar mais.
Variação: pegar somente uma cor indicada pelo professor, colocar as argolas em um local determinado; fazer a atividade por equipes.

ANIVERSÁRIO DO MÊS (brincadeira)
Faixa etária: a partir de 7 anos.
Objetivos: atenção, concentração, agilidade.

Alunos em fileira. Traçam-se duas linhas paralelas distantes uns 10 metros uma da outra. Os alunos ficarão atrás da linha de partida. Um aluno ficará entre as duas linhas (será o pegador); este chamará os meses do ano, e o aluno que fizer aniversário no mês chamado corre tentando alcançar a linha de chegada. Se for apanhado auxiliará o pegador.

AR, TERRA, MAR (brincadeira)
Faixa etária sugerida: a partir de 7 anos.
Objetivos: atenção, concentração, volta à calma.

Crianças sentadas em círculo. O professor aponta um aluno e diz, por exemplo, "Terra"; o aluno deverá dizer o nome de um animal ou qualquer coisa ou objeto que tenha na terra, e assim sucessivamente com "Ar" e "Mar".

ANEL (jogo de estafeta)
Materiais: anéis e palitos de churrasco.
Faixa etária: a partir de 7 anos.
Objetivos: coordenação viso-motora, interação.

Duas filas, alternando homem com mulher. Cada jogador com um palito na boca. O professor entrega um anel para o 1º jogador de cada fila e quando der um sinal esse aluno procura passar o anel para o próximo da fila sem usar as mãos, unicamente com a boca e com o palito.

A equipe que acabar primeiro vence.

ATAQUE CONTRA DEFESA (jogo pedagógico para o futebol)

Material: bola de futebol.

Faixa etária: a partir de 8 anos.

Objetivos: desenvolver habilidades, troca de passes, drible, aprender marcação.

Alunos divididos em duas equipes (A e B) e sentados em duplas na linha do meio da quadra. Nesta atividade existe somente um goleiro que é neutro.

Dois alunos da equipe "A" ficam na defesa perto da área do futsal e dois alunos da equipe "B" começam com a posse da bola.

O objetivo é quem estiver com a bola tentar ir trocando passe e tentar fazer gol. Caso a equipe "A" consiga tomar a bola ou esta sair pela linha de fundo ou lateral é imediatamente reposta em jogo para a próxima dupla da equipe "A", que passará a ser atacante, sendo que a dupla da equipe "B" passará a ser defesa, assim sucessivamente até todos passarem pelas posições de ataque e defesa. Os jogadores que repõem a bola devem sair da quadra pelas linhas laterais indo para o final da sua coluna. Caso aconteça gol, segue-se o mesmo princípio da bola que foi para fora sendo reposta imediatamente para a próxima dupla. Ganha a equipe que conseguir fazer mais gols.

AÇÃO E EMOÇÃO (jogo)

Materiais: fichas de papel cartão (15 x 20 cm) com frases que expressem uma ação e uma emoção.

Faixa etária: a partir de 10 anos.

Objetivos: desenvolver a imaginação e a capacidade de expressão através de mímicas e gestos, socialização, atenção.

Todos os participantes receberão uma ficha que será colocada pendurada nos seus pescoços, sendo que a frase ficará nas suas costas; todos poderão ler as de todos menos a sua própria ficha.

Ao começar o jogo todos começam a ler as fichas dos colegas e representar a ação das fichas um para o outro através de mímica e gestos, não sendo permitido qualquer tipo de som ou comunicação verbal. Pode haver um rodízio grande no qual todos tentarão representar a maior quantidade de fichas tentando ajudar o colega a descobrir o que está escrito na sua.

Ao término da atividade todos sentarão em círculo e dirão o que acham que está escrito na sua ficha, somente após isso é que poderá virar e ler a sua ficha; todos que acertarem ou ficarem mais próximos do significado da sua ficha serão os vencedores.

Abaixo segue uma relação de frases e ações como sugestão.

Obs.: esse jogo foi criado e desenvolvido pelo Prof. João Luiz em 25/03/97.

1 – Alegria: ganhei um presente de natal maravilhoso;
2 – Tristeza: o meu brinquedo preferido quebrou;
3 – Alegria: tirei a melhor nota da turma;
4 – Alegria: achei um pacote de dinheiro;
5 – Tristeza: perdi todo o meu dinheiro;
6 – Tristeza: repeti de ano, tirei zero na prova;
7 – Fome: estou com vontade de comer muito;
8 – Fome: não como faz mais de 1 dia;
9 – Enjôo: trocando fralda de bebê;
10 – Raiva: minha moto nova quebrou;
11 – Raiva: minha (meu) namorada(o) está me traindo;
12 – Raiva: quebraram meus lápis preferidos (criança);
13 – Amor: estou namorando;
14 – Amor: reencontrei meus pais após 1 ano de viagem;
15 – Amor: como é bom estar perto dos meus filhos queridos;
16 – Saudades: estou vendo a foto da pessoa amada;
17 – Saudades: faz 10 anos que não vejo meus amigos;
18 – Sede: estou no meio do deserto;
19 – Sede: acabou o jogo e não tem água;
20 – Cansaço: acabei de fazer ginástica;
21 – Cansaço: cheguei correndo para a prova;
22 – Arrependimento: quebrei o objeto preferido da mamãe;
23 – Arrependimento: estou devolvendo o objeto que peguei escondido;

24 – Raiva: estou brigando com o meu pior inimigo;
25 – Calma: estou ouvindo músicas suaves;
26 – Calma: estou passeando em um bosque lindo;
27 – Medo: vou passar perto de um cachorro com jeito de bravo;
28 – Medo: não trouxe o trabalho de matemática;
29 – Enjôo: estou viajando de navio;
30 – Espanto: cheguei em casa e vi um objeto muito estranho;
31 – Surpresa: o que será que ganhei de presente.

ARCA DE NOÉ (brincadeira)
Material: giz.
Faixa etária: a partir de 3 anos.
Objetivos: agilidade, atenção, prontidão.

Formação: Uma criança num retângulo desenhado no solo (a Arca de Noé); as demais em volta, sentadas, dizendo:

> Na Arca de Noé
> Todos cabem, todos cabem;
> Na Arca de Noé,
> Todos cabem e eu também.

Nas palavras "e eu também", o professor dirá o nome de um animal, por exemplo: "papagaio", e todas as crianças sairão correndo, imitando-o e emitindo seu som característico, enquanto Noé, saindo da Arca, tentará pegar uma criança; a que for pega passará a ser o novo Noé e a brincadeira recomeçará.

ASSOPRANDO A BOLA (brincadeira)

Materiais: uma bola de pingue-pongue ou similar, uma mesa (opcional).

Faixa etária sugerida: 7 anos em diante.

Objetivos: coordenação viso-motora, melhoria do sistema cardiorrespiratório.

Formação: divide-se a mesa (ou outra superfície lisa) em dois campos, em cada um dos quais é colocado um participante ou uma equipe. Coloca-se a bola no centro da mesa.

Desenvolvimento: dado o sinal, os participantes procurarão fazer com que a bola passe para o lado oposto da mesa assoprando-a; se o conseguirem, marcarão pontos para a sua equipe. Se a bola cair, deve ser recolocada sobre a mesa. A equipe vencedora será aquela que obtiver primeiro o número de pontos previamente estabelecidos pelo animador.

ANIVERSÁRIO (brincadeira)

Materiais: giz, quadro-negro.

Faixa etária sugerida: a partir de 8 anos.

Objetivos: rapidez de raciocínio, agilidade.

O professor retira da sala sua mesa e sua cadeira e divide a turma em cinco colunas de carteiras, tendo cada coluna igual número de participantes.

No quadro-negro, fará cinco divisões. Cada divisão de frente para cada coluna de carteiras. Em cada divisão haverá um giz para anotações de cada equipe.

O jogo consiste em o professor perguntar qual o dia e o mês dos aniversários de uma fileira de alunos, por exemplo, os números 4 de cada coluna. Todos os alunos número 4 de cada coluna irão ao quadro negro e escreverão por extenso a data do seu aniversário, sem usar números, por exemplo: treze de outubro. O aluno deixará o giz no lugar que encontrou e irá sentar-se na sua carteira. O primeiro aluno a sentar-se marcará um ponto para sua equipe.

O professor irá chamando os demais números das colunas e anotando os pontos de cada uma delas.

O vencedor será a coluna que fizer o maior número de pontos. Se houver empate, o desempate será apenas entre as colunas empatadas, e o aniversário poderá ser de um parente.

Os alunos que não escreverem corretamente a data de aniversário perderão um ponto para sua equipe.

ADIVINHOU (brincadeira)
Material: nenhum.
Faixa etária sugerida: a partir de 8 anos.
Objetivos: imaginação, colaboração.

O professor dividirá a turma em colunas de alunos, os quais estarão sentados nas carteiras.

O professor pedirá que os alunos que compõem, por exemplo, a coluna 2, saiam de sala e escolherão um aluno de outra coluna, por exemplo, o segunda da coluna 3.

Quando os alunos da coluna 2 voltarem à sala, serão dispostos em fileiras, um ao lado do outro, de frente para a turma. Cada aluno da coluna 2 terá direito a fazer uma pergunta à turma, que só poderá responder SIM ou NÃO. Pelas respostas, os componentes da coluna 2 procurarão adivinhar o nome do colega escolhido.

O professor inicia o jogo com a primeira pergunta do aluno da coluna 2: "É homem?".

A turma responde sim ou não, e o jogo prossegue com outra pergunta de outro aluno da coluna 2: "É moreno?".

A turma responde sim ou não e o jogo vai continuando.

Termina o jogo depois que todos os alunos da coluna 2 fizerem as suas perguntas e todas as equipes tiverem participado.

Ganhará o jogo a equipe que fizer o maior número de pontos.

ARACATU (jogo)
Material: bola de tênis.
Faixa etária sugerida: a partir de 7 anos.
Objetivos: coordenação viso-motora, atenção.

Este jogo é ideal para ser feito na praia.

Em chão de areia, risca-se um corredor de aproximadamente um metro de largura por três metros de comprimento, o qual termina abrindo uma de suas extremidades em forma de funil. Na cabeceira do funil, cavam-se pequenos orifícios, do tamanho de uma bola de tênis, os quais terão pontuação variada, de acordo com a dificuldade. A delimitação do campo, na cabeceira do funil, deverá ser feita com uma pequena parede de areia inclinada, para servir de anteparo para que a bola possa bater e voltar. Os jogadores, um por vez, arremessarão uma bola de tênis rasteiramente por dentro do corredor, tentando embocá-la em algum dos orifícios.

Cada acerto valerá o número de pontos correspondente àquele orifício. Vencerá quem acumular maior número de pontos, conforme acerto prévio entre os jogadores.

ARRANCA RABO (brincadeira)
Materiais: fitas de pano ou papel.
Faixa etária sugerida: a partir de 7 anos.
Objetivos: espírito de equipe, coordenação, agilidade.

Organização: divide-se o grupo em duas equipes, "pegadores" e "fugitivos". Os fugitivos colocam um pano ou camiseta preso no elástico do calção nas costas, ficando parecido com um rabo.

Desenvolvimento: a um sinal, os fugitivos tentam evitar que os pegadores arranquem o pano preso no elástico do calção. Marca-se o tempo gasto para que uma equipe consiga arrancar todos os rabos da outra e invertem-se os papéis. A equipe vencedora é a que levar menos tempo para executar a tarefa.

Variação: os pegadores ficam em fileiras no fundo da quadra e têm que sair um por vez até que se consiga capturar um fugitivo da outra equipe. Após a captura, deverá bater na mão seguinte para que o outro possa continuar, até que todos sejam capturados.

Observação: essa variação pode ser sem material com o nome de "polícia e ladrão".

ACHAR O PAR (brincadeira)

Materiais: quarenta folhas de sulfite, ou meias folhas, ou tampinhas de garrafa, ou pedaços de papelão numerados de 01 a 20.

Faixa etária sugerida: a partir de 7 anos.

Objetivos: espírito de equipe, coordenação, agilidade.

Organização: o grupo é dividido em dois subgrupos (20 elementos).

Disposição: o primeiro subgrupo na linha de partida no fundo da quadra em fileira.

O segundo subgrupo em fileira com o número na mão.

A outra numeração no chão no meio da quadra próxima do segundo subgrupo.

Desenvolvimento: a um sinal, os componentes do primeiro subgrupo correm até o meio da quadra e apanham um número no chão e procuram o número correspondente na mão das pessoas do segundo grupo. Assim que encontram seu par devem prosseguir de mãos dadas até a linha de chegada. O par que chegar primeiro vence.

Variações: nomes de frutas, Estados e capitais, tabuadas, expressões numéricas, etc.

BARRA MANTEIGA (brincadeira)
Faixa etária sugerida: a partir de 5 anos.
Objetivos: espírito de equipe, coordenação, agilidade, atenção.

Organização: divide-se o grupo em duas equipes, uma de cada lado da quadra.

Execução: um elemento de uma das equipes dirige-se até a outra, cantando, batendo nas mãos das crianças desta equipe: "Barra manteiga, na fuça da nega, minha mãe mandou bater nesta daqui"; a criança que recebeu a última batida na mão deve correr e tentar pegar o que bateu em sua mão, antes que este retorne à sua equipe. Se conseguir, o que foi pego troca de equipe. Repete-se a fala agora com o pegador da outra equipe.

BOLA DIFÍCIL (brincadeira)
Materiais: bolas de praia ou bexigas.
Faixa etária sugerida: a partir de 5 anos.
Objetivos: coordenação motora.

Grupos com no mínimo 8 pessoas, em círculo. Cada grupo terá uma bola de praia ou um balão, que será colocado entre os joelhos de um dos participantes. A um sinal dado, os participantes da direita vão recebendo o balão com seus joelhos – sem usar as mãos. Depois, fazer o mesmo pelo lado esquerdo. Será vencedora a equipe que fizer a volta primeiro.

BUSCA DO TESOURO (variação do caça ao tesouro) (jogo)

Material: nenhum.

Faixa etária sugerida: a partir de 7 anos.

Objetivos: raciocínio lógico, conhecimento lingüístico, atenção.

Colocam-se os participantes em forma centralizada, tipo raios de bicicleta, o que oferece maior segurança e melhor posição para observação de sinais de cansaço, etc., controlando-se melhor o desenrolar do jogo.

Desenvolvimento: entrega-se a primeira pista às equipes. Estas devem encontrar a seguinte e decifrá-la. Realizada a tarefa, entregam-na à mesa que coordena a brincadeira; esta lhes dará a pista seguinte e assim sucessivamente. Recomenda-se não fazer mais de sete pistas, colocando na quadra a realização e um crucigrama (atividade cognitiva tipo palavra cruzada) como elemento de descanso.

BRINCADEIRA DO LENÇO

Materiais: lenços coloridos.

Objetivos: cognição, habilidade, agilidade, descontração, etc.

Faixa etária sugerida: a partir de 6 anos.

Formação: em pé, em colunas, onde cada uma será uma equipe.

Desenvolvimento: o professor entrega um lenço de cada cor ao primeiro aluno de cada coluna; ao sinal, o primeiro aluno de cada coluna irá virar-se para trás e amarrará o lenço com um nó no braço direito do seu colega de trás. O segundo aluno terá de desamarrar o nó com a mão esquerda e amarrar novamente no braço direito do terceiro aluno, e assim sucessivamente. Sairá vencedora a equipe em que o último aluno abanar o lenço e disser a cor do lenço de sua equipe em voz alta.

Variação: podem-se utilizar bolas ou até aros, utilizando o mesmo mecanismo.

BINGO (jogo)

Material: cartolinas numeradas semelhantes às cartelas de bingo, grãos de feijão, giz, prenda.

Faixa etária sugerida: a partir de 7 anos.

Objetivos: observação, memorização.

Cada aluno receberá do professor uma cartela contendo vários números e um punhado de grãos de feijão.

O professor irá ao quadro negro e escreverá, com números grandes, uma conta como, por exemplo, 3 x 5.

Os resultados, que os alunos deverão saber, serão procurados em suas cartelas e, caso encontrem, deverão colocar um grão de feijão em cima do número.

Várias contas serão escritas pelo professor, até que algum aluno complete sua cartela.

O vencedor será aquele que, ao completar a cartela, gritar "Bingo!", e ganhará uma prenda do professor.

Variações: Esse jogo poderá ser realizado de várias maneiras, como, por exemplo, o professor fala o nome dos estados do Brasil e os alunos terão de procurar nas cartelas suas capitais; poderá falar um nome no masculino, e os alunos procurarão nas cartelas o correspondente feminino, etc.

BOM DIA! (brincadeira)

Material: um pedaço de pano para servir de venda.

Faixa etária sugerida: a partir de 6 anos.

Objetivos: discriminação auditiva, atenção, concentração, memória, socialização do grupo.

Alunos dispostos em círculo, um deles no centro com os olhos vendados. Ao sinal do professor o círculo rodará para a direita ou esquerda. Quando o jogador do centro bater palmas a roda pára de girar. Em seguida ele aponta para algum colega, e o indicado dirá bem alto:

— Bom dia!

O do centro tentará reconhecer o colega pela voz. Pode haver um limite de tentativas. Caso erre a roda gira de novo e repete-se, caso acerte o colega apontado substitui o do centro. A brincadeira termina quando o professor notar desinteresse dos alunos.

Variação: o mesmo jogo poderá ser dado visando ao desenvolvimento do tato. O jogador indicado aproximar-se-á do que tiver os olhos vendados e este, apalpando-o, procurará reconhecê-lo

BOLINHAS (jogo de estafeta)

Material: bolinhas ou pedras (quantidade de acordo com o número de participantes), bambolês.

Faixa etária sugerida: a partir de 5 anos.

Objetivo: agilidade, coordenação motora, socialização, discriminação visual.

Alunos em colunas, atrás de uma linha de partida, tendo à frente de cada coluna, distante uns 5 metros, um bambolê com 5 pedras, ou bolinhas. Ao sinal do professor, o primeiro sairá correndo e começará a tirar uma bolinha por vez do bambolê e colocará ao lado do mesmo; quando acabar volta correndo, dá um tapinha na mão do próximo, que fará exatamente ao contrário, repondo as bolinhas dentro do bambolê, voltando correndo e assim sucessivamente. Ganha a coluna que terminar primeiro.

BOLA AO GUARDA (jogo)

Materiais: uma bola de borracha, um bambolê.

Faixa etária sugerida: a partir de 7 anos.

Objetivos: agilidade, destreza, coordenação visomotora, noção espaço-temporal.

Alunos formam um círculo, um deles fica no centro com a bola, dentro do bambolê. Dado o sinal de início esse jogador arremessa a bola para algum colega e foge para fora do círculo. O jogador tem que receber a bola, tem que deixá-la no centro do bambolê e perseguir o guarda, que tentará voltar e tocar a bola sem ser pego; caso consiga continua como guarda, mas se for tocado antes troca de lugar com o colega. Ganha o jogo quem ficar mais tempo como guarda.

BIGODE PERFEITO (brincadeira)

Material: um fio de barbante de 20 cm para cada jogador.

Faixa etária sugerida: a partir de 8 anos.

Objetivos: desenvolver e aperfeiçoar a capacidade de concentração.

Formação: os participantes são divididos em duas equipes, dispostas paralelamente.

Desenvolvimento: os participantes das duas equipes viram-se de costas um para o outro, esforçando-se para manter o barbante entre o nariz e o lábio superior. Ao sinal do animador, voltam-se um para o outro e olham-se mutuamente, sem rir e sem deixar cair o bigode fenomenal. O vencedor será o último que conseguir se manter nestas condições.

BRINCAR COM NÚMEROS
Material: nenhum.
Faixa etária: a partir de 7 anos.
Objetivos: agilidade, atenção, prontidão.

Formação: em fileira na linha central da quadra, dois ou mais alunos destacados à frente.

Os alunos da fileira combinam um número qualquer de 1 a 10, por exemplo 4, em seguida os dois alunos à frente perguntam em seqüência:

— É um? É dois? É três? É quatro?

Quando acertarem o número combinado saem em perseguição aos alunos da fileira, e estes tentam livrar-se passando pela linha de fundo da quadra. Os alunos que forem pegos passarão a auxiliar na perseguição.

BOLA AO ALTO (brincadeira)
Material: 1 bola de borracha.
Faixa etária: a partir de 4 anos.
Objetivos: agilidade, atenção, prontidão, coordenação viso-motora.

Formação: alunos em círculo, numerados seguidamente.

O professor, no centro do círculo, atirará a bola para o alto, chamando um dos números, cinco, por exemplo; o aluno assim indicado deverá pegar a bola antes que ela toque o solo ou após dar um pingo (a dificuldade deve ser proporcional à idade dos participantes); caso consiga ou não inicia-se de novo a brincadeira.

BONECO DE BOTÕES (brincadeira)
Faixa etária sugerida: a partir de 4 anos.
Objetivos: atenção, concentração, volta à calma.

Alunos em círculo, sentados; um aluno será o boneco que ficará no centro do círculo, imóvel. Um outro aluno será afastado, enquanto os demais combinam com o boneco qual será o botão (ponto do corpo) que deverá ser tocado para que ele se movimente.

Pode-se combinar o número de tentativas para tentar adivinhar. Caso não consiga, pagará uma prenda.

BRINCANDO COM AS LETRAS (brincadeira)
Faixa etária sugerida: a partir de 7 anos.
Objetivos: atenção, concentração, volta à calma.

Alunos sentados em círculo, devidamente numerados. O professor ao centro diz um número, por exemplo 18; o aluno correspondente fica em pé e diz uma palavra que começa com a letra S (que é a letra número 18 no alfabeto); assim começando, todos irão dizer uma palavra que comece com S, até que alguém erre, começando de novo.

Pode-se variar escolhendo-se qualquer letra, ou também pedindo nomes de frutas, verbos, nomes de animais e outros, de acordo com a idade dos participantes.

BARQUINHA (brincadeira)

Material: um objeto pequeno e inquebrável.
Faixa etária sugerida: a partir dos 7 anos.
Objetivos: atenção, concentração, desenvolvimento do vocabulário, prontidão.

Escolhe-se uma "carga", por exemplo flores; a criança que estiver com a barquinha inicia o jogo lançando-a a um companheiro qualquer, dizendo: "Aí vai uma barquinha carregadinha de ...". Quem recebeu a barquinha deverá completar a frase dizendo o nome de uma flor e, em seguida, atirar a barquinha a outra criança, repetindo: "Aí vai uma barquinha carregadinha de...", podendo a criança escolhida reponder "cravos", e assim por diante. Quem errar ou demorar a responder paga uma prenda, cabendo a vitória àqueles a quem isso não aconteceu.

BEISEBOL (jogo)

Materiais: bolas de tênis, bastão ou taco de beisebol.
Faixa etária sugerida: a partir de 10 anos.
Objetivos: coordenação motora, agilidade.

Adaptação das regras do beisebol, para que possa ser utilizado como forma de lazer, mesmo por aqueles que não tem o domínio técnico do jogo.

Os objetivos gerais alcançados com a prática dessa atividade são: melhoria da coordenação visomotora, agilidade, espírito de equipe, raciocínio rápido, noção de espaço e velocidade.

As principais regras adaptadas são:
— Número de jogadores livre, a ser combinado, dando chance a todos de jogar;
— A bola a ser utilizada é a bola de tênis;
— Rodízio de batedores e arremessadores modificado para que todos possam participar;
— O campo pode ser adaptado em uma quadra, ou campo de futebol;
— Como bastão podemos usar qualquer pedaço de madeira, não precisando ser o oficial.

A finalidade principal desse jogo é rebater a bola arremessada e fazer a troca das bases, até o final do circuito.

Cada jogador da equipe que começou arremessando executará até no máximo 3 arremessos, desde que a bola não seja rebatida, para cada jogador da equipe que estiver rebatendo. O jogadores que não estiverem arremessando estarão tomando conta das bases e do espaço de jogo, tentando pegar a bola arremessada, para fazer com ela chegue às mãos do arremessador, ou queime um atacante. Quando a bola chegar à mão do arremessador o árbitro apita e os rebatedores que estiverem correndo fora de suas bases param e voltam para a base anterior.

Cada vez que a bola é rebatida, o jogador que a rebateu e os que porventura estiverem nas base deverão sair em velocidade para tentar fazer o rodízio nas mesmas.

Será considerado erro, e o jogador que rebate perderá o direito de tentar fazer o rodízio nas bases quando:

— Não acertar nenhum dos 3 arremessos;

— Caso acerte, e os jogadores da equipe adversária peguem a bola no ar (antes de tocar no chão);

— Caso acerte, e enquanto estiver correndo para uma base for "queimado", ou seja, for acertado pela bola, antes de chegar à base. Qualquer jogador que estiver tentando fazer o rodízio pode ser queimado.

Quando todos arremessarem, invertem-se as posições, ou seja, de arremessador para batedor e vice-versa.

Obs: o arremesso deverá ser feito devagar, jogando a bola na altura da cintura do rebatedor, mas na sua lateral; não serão permitido arremessos fora dessa área. Caso isso aconteça 3 vezes, o jogador ganha uma base, mesmo sem acertar a bola.

BOBINHO MALUCO (jogo pré-desportivo para o basquetebol)

Materiais: quadra e bolas de basquete ou handebol.

Faixa etária sugerida: a partir de 10 anos.

Objetivos: domínio de bola, agilidade, localização espaço temporal, coordenação motora.

Crianças distribuídas, pela quadra cada uma com uma bola. Todos têm que driblar a sua bola e ao mesmo tempo tentar tirar a bola do colega, sendo permitido tirá-la apenas com tapas na mesma, bastando que o colega perca o domínio da bola para ele perder e sair do espaço da quadra.

Ganha quem ficar por último de posse da bola.

BOLINHA DE GUDE (jogo)

Materiais: bolinhas de vidro.

Faixa etária sugerida: a partir de 5 anos.

Objetivos: criatividade, atenção, coordenação viso-motora.

O jogo de gude pode-se dizer universal, tal a sua difusão. No Brasil é estimadíssimo e provavelmente o mais popular brinquedo de nossos garotos.

Tem sua nomenclatura rica e própria, que varia de lugar para lugar, embora alguns termos básicos nada se modifiquem; o mesmo acontece com suas diversas formas, práticas e desenhos. Passo a descrever sua execução, como de uso correto em Barcelos, São João da Barra e Campos, na região norte do Estado do Rio de Janeiro.

Variação: Búrica

Conforme a dureza da terra, um ou mais giros completos dados com o salto de sapato formam no chão uma depressão de bordas em bisel, em toda parte chamada búrica ou "buraca". Daí a denominação desta modalidade do jogo de gude, tanto mais animada quanto maior o número de parceiros. Também generalizada é a denominação de "baletas", dada às bolas de gude que existem em vários tamanhos e cores. Já as esferas de aço próprias para rolamento, apreciadíssimas pelos jogadores de gude, chamam-se "bilhas".

Distanciadas de um palmo ou mais, fazem-se três búricas em triângulo, no sentido do desenho, e a quatro passos de distância (cerca de dois metros), traça-se a "linha".

Previamente os jogadores perdem a vez, e na ordem assim estabelecida "meiam", isto é, arremessam para a linha; quem dela mais se aproximar será o primeiro a jogar, do ponto assim obtido, para a primeira búrica.

Se não for atingida, o jogador deixa sua baleta onde estiver e espera o turno seguinte para continuar.

Da primeira para a segunda, desta para a terceira e daí para a primeira búrica joga-se com a mão colada, isto é: a mão esquerda mede um palmo, com o polegar na búrica (em outras modalidades, na baleta do jogo anterior); colada, apoiando-se sobre seus dois ou três últimos dedos a mão direita quase se fecha. A baleta aninhada na curva do indicador é impedida por uma brusca distensão do polegar, e esse modo de impulsioná-la chama-se "carolo".

Até a terceira rodada, a baleta "techada", isto é, atingida por outra, passa a ser jogada de onde tiver parado; caso a techada faça-a cair numa búrica, aí ficará presa. Se seu dono pode "tira" o parceiro ao passar por esse ponto, pode soltá-la, mandando-a para bem longe com outra techada.

Os jogadores que não conseguem fazer nem uma búrica nas três primeiras rodadas tornam-se "pagãos", sendo excluídos do jogo. Suas baletas, quando techadas, são mortas e passam a pertencer ao parceiro que as atingir. No final, as bolas restantes continuam pertencendo a seus donos.

Variação: Cruz

Feito o traçado, cada jogador coloca uma ou mais baletas sobre o arco, nas extremidades dos raios. A dez passos de distância risca se a linha e "meia-se" como o jogador anterior. Das posições assim obtidas, pela ordem, joga-se para o desenho. Se algum jogador consegue deslocar apenas uma baleba da cruz, todas as outras passam a pertencer-lhe. Se ninguém realiza tal façanha é necessário meiar novamente, após o que inicia-se outro turno.

Variação: Peteleco

Sendo livre tanto o número de jogadores como o de baletas que cada um pode dispor, faz-se o desenho e meia-se para a linha traçada a quatro passos de distância. As baletas que ao serem techadas saem do peteleco tornam-se propriedades de quem as acerta; as que apenas se descolam, sem contudo ultrapassar o risco, voltam a seus lugares.

Enquanto o peteleco se mantém guarnecido, o jogador prossegue por turnos. A posição da baleta do "último" jogador serve de ponto de partida para o primeiro do turno seguinte. A fim de neutralizar essa vantagem de aproximação, o último jogador tem o poder de determinar, para cada turno a ser jogado.

BIGODE NO CAIPIRA (variação da brincadeira de colocar o rabo no burro) (brincadeira)

Materiais: folhas de cartolina, lousa, giz, canetas.

Faixa etária sugerida: a partir de 5 anos.

Objetivos: criatividade, atenção.

Desenhar o rosto de um caipira. Cada jogador deverá, de olhos vendados, tentar colocar o bigode. Vencerá o que mais se aproximar do objetivo.

BOBINHO GIGANTE (brincadeira)

Materiais: bolas de futebol de salão.

Faixa etária: a partir dos 7 anos.

Objetivos: coordenação, espírito de equipe, agilidade, atenção, ritmo.

Dividem-se os participantes em 5 equipes; cada equipe terá um representante em um círculo. Escolhe-se um de cada círculo para iniciar no "bobinho". Somente são válidos 2 toques na bola (1 para parar e 1 para passar). Os alunos contam quantas vezes cada um esteve no "bobinho". Após um tempo predeterminado pára-se o jogo e verifica-se qual equipe ficou mais vezes de bobinho; somando-se todos os círculos, ganha a equipe que ficou menos de "bobinho".

BUNCO (jogo)

Materiais: mesas pequenas para 4 pessoas, 3 dados para cada mesa, 1 cartão para marcar os pontos, lápis ou caneta.

Faixa etária: 7 anos em diante.

Objetivos: descontração, raciocínio lógico-matemático.

As mesas são dispostas em filas em números pares. Quatro pessoas em cada mesa. Para iniciar escolhe-se uma pessoa para jogar o dado para obter o número trunfo da partida (1 a 6). Após sorteado o número trunfo inicia-se o jogo.

Cada jogador joga os 3 dados podendo obter:

— 1 ponto se sair o n° trunfo em um dos dados, ganhando o direito de jogar novamente;

— 5 pontos se saírem os 3 números iguais e 23 pontos se saírem os 3 números trunfo.

Só se grita "Bunco" nas mesas quando fazem-se 23 pontos. Vence a partida quem ganhar mais vezes após um tempo pré-definido ou alcançar um certo número de vitórias primeiro.

CANIBAL (jogo)

Materiais: tinta para pintura a dedo, figurino característico.

Faixa etária: a partir de 8 anos.

Objetivos: agilidade, descontração.

Esta atividade é realizada individualmente, podendo, caso necessário, ser realizada em equipes.

As crianças se posicionam espalhadas pelo espaço do jogo, alguns monitores fixos em lugares pré-determinados e outros móveis pelo espaço delimitado.

Cada monitor terá um pote de tinta (uma cor para cada um); estes, com tintas coloridas ficam fixos. Os monitores móveis serão denominados "canibais" e terão a tinta de cor preta.

O objetivo das crianças será buscar com os monitores fixos uma marca colorida (será feita no braço, ou rosto).

Os "canibais" serão os perseguidores, os quais terão o poder de eliminar as marcas que as crianças conseguiram, sendo eliminada uma marca de cada vez. Para isso é preciso apenas passar a tinta preta por cima de uma marca colorida.

Ganha a criança que conseguir primeiro todas as marcas coloridas e voltar para um ponto predeterminado.

CAÇA-AO-TÊNIS (jogo de estafeta)
Material: nenhum.
Faixa etária: a partir de 5 anos.
Objetivos: habilidade manual, agilidade, atenção.

Dividir os participantes em grupos, pedir para tirarem os tênis e depois juntar todos os tênis em um lugar centralizado.

O 1º de cada equipe deve procurar seu par de tênis, depois de calçá-lo e voltar para o seu lugar, sendo a vez do 2º da fileira, até o último da fileira. A equipe que colocar os tênis em 1º lugar é a vencedora.

CAÇA-FANTASMAS (jogo)

Material: fantasia de fantasma.

Faixa etária: a partir de 3 anos.

Objetivos: o objetivo principal deste jogo é descontrair, e através de uma atividade lúdica fazer com que as crianças percam o medo dos fantasmas.

Esta atividade é ótima para ser realizada à noite, com as luzes apagadas. Principalmente em acampamentos e hotéis.

O orientador do jogo deve reunir as crianças participantes, contar uma história de fantasma, que pode variar de acordo com a criatividade do monitor.

A criança deve ser instruída para não correr e sim andar, e sempre em grupo, pois o fantasma só será pego por um grupo de crianças, e nunca por uma criança sozinha.

Durante a história o monitor coloca as regras e combina também uma maneira de fazer o fantasma voltar a ser gente outra vez, uma música, uma dança ou outra maneira, desde que nada possa prejudicar a pessoa que está vestida de fantasma.

Em acampamentos o jogo pode ser incrementado com a construção de lanternas com velas para as crianças, com pistas de balas espalhadas pelo fantasma ou também com luzes piscando para impressionar as crianças.

Obs.: O fantasma deve aparecer e se esconder no mínimo 2 vezes antes de ser pego.

O jogo acaba quando todas as crianças rodeiam o fantasma e usando as palavras, ou música combinada, fazem ele voltar a ser gente outra vez.

O jogo somente será atraente para as crianças se o monitor contar uma história com muitos detalhes e bem interessante. A história sempre deve ter um fundo moral, que faça as crianças perceberem que não precisam ter medo.

Sugestão para a história: "Fantasminha Willy"

É a história de um garoto muito levado, que vivia fazendo malcriações.

Não respeitava os adultos, falava mal de seus professores, comia doce mesmo se sua mãe não deixasse.

Um certo dia o Willy foi passear num bosque perto de sua casa (imitar o passeio, com barulhos de bicho que ele encontrava pelo caminho), só que ele como era muito levado, foi por um caminho que não conhecia, e acabou se perdendo.

Os pais do Willy ficaram muito preocupados (os pais gostam muito dos filhos e não gostam quando eles fazem malcriações); chamaram dois amigos para ajudá-los a procurar o seu filho.

Depois de muito procurar, ficaram sabendo que ele tinha virado um fantasminha muito travesso e somente se um grupo de crianças muito boazinhas o encontrasse e falasse as palavras mágicas (com licença, por favor, muito obrigado) ele voltaria a ser um menino normal e teria uma chance de parar de fazer malcriações.

CAÇA-TIOS (jogo)
Material: nenhum.
Faixa etária: a partir de 3 anos.

Objetivos: desenvolver espírito de equipe. É excelente para ser utilizado à noite em acampamentos.

É semelhante a um jogo de esconde-esconde, só que todos irão procurar os monitores, que combinam um tempo máximo para as crianças os encontrarem.

As crianças são divididas em grupos; o grupo deve andar junto, pois ganha o jogo a equipe que encontrar o monitor primeiro. É permitido para o monitor mudar de esconderijo para dificultar. Pode-se deixar pistas para as crianças.

CORRIDA DO CANGURU ou CORRIDA DO SACO (jogo de estafeta)

Materiais: sacos de farinha ou de estopa.

Faixa etária: a partir de 7 anos.

Objetivos: coordenação motora e trabalho dos membros inferiores.

Crianças divididas em equipes; a um sinal do professor os primeiros de cada equipe saem saltando até um local predeterminado (estando com as pernas dentro de um saco, até a cintura). Quando voltar para o início passa o saco de estopa para o próximo da coluna que fará o mesmo percurso. Ganha a equipe que terminar primeiro.

CAÇA AO TESOURO (jogo)

Materiais: cartões com pistas, caixa com o "tesouro".

Faixa etária: a partir de 7 anos.

Objetivos: espírito de equipe, orientação espacial, memória.

Neste jogo o que conta é a imaginação, criatividade e perspicácia do participante para decifrar charadas, "pegadinhas", códigos e outras formas de camuflar uma mensagem.

As mensagens ou pistas deverão ser escondidas com antecedência pelo responsável, de tal maneira que somente com indicações as crianças consigam descobri-las.

As pistas são feitas de tal maneira que uma indica onde está a outra, até chegar ao local do "tesouro".

As pistas deverão ser bem criativas e seguir uma escala de dificuldade de acordo com a idade dos participantes.

Quem encontra o tesouro primeiro ganha o jogo, que pode ser individual ou em equipe.

Quando algum participante encontra uma pista, ele deve lê-la e colocá-la no lugar de origem, para que todos tenham as mesmas chances no jogo.

Exemplo de uma pista em forma de charada: ninguém chega perto de mim sem se molhar?

Resposta: piscina.

EM BUSCA DOS PÁSSAROS (jogo)

Materiais: fichas com as senhas das equipes, barbante, folhas de sulfite, canetas e uma prancheta para cada equipe, apitos para imitar os pássaros.

Faixa etária sugerida: a partir de 7 anos.
Objetivos: trabalho em equipe.

Obs.: esta atividade surtirá um efeito bem mais interessante se for realizada à noite e em um local amplo e espaçoso como acampamentos ou em um hotel-fazenda.

Vários recreacionistas estarão escondidos e espalhados pelo espaço disponível, portando um apito ou coisa que o valha. Estes serão os pássaros, que terão consigo vários papéis (de acordo com o numero de equipes) numerados.

O pássaro número um com papéis de número 1, o número dois com papéis de número 2 e assim sucessivamente.

Os números devem ser encontrados em ordem, só podendo receber a senha de número 2 se apresentar a de número 1 e assim por diante.

Um monitor dará início à atividade separando os participantes em equipes e explicando que eles deverão procurar os pássaros seguindo o som dos apitos. Ao encontrar um deles deverá pedir uma senha que receberá ao cumprir uma pequena tarefa se o pássaro for o primeiro da ordem.

Terá também um "gavião", que se encontrado pelos participantes tomará todas as senhas já obtidas caso a equipe não cumpra uma prova predeterminada (como por exemplo formar uma roda e cantar uma música escolhida antecipadamente pelos recreacionistas).

CARACOL (brincadeira)
Material: giz.
Faixa etária sugerida: a partir de 5 anos.
Objetivos: criatividade, atenção, coordenação, ritmo.

Risca-se no chão um caracol, dividido em 10 partes; o centro é o céu. Jogar uma pedra no n° 1, pular com um pé só, no n° 2 sem pisar no número 1.

Pular de 1 em 1 até chegar no céu; voltar todos os números e sair do caracol. Jogar novamente no número seguinte, que seria o n° 2, e começar a pular no n° 1, depois no n° 3 sem pisar no n° 2.

Fazer a mesma coisa com os outros números sempre pulando num pé só, sem cair. Se cair perde a vez. Quem conseguir fazer todos os números primeiro ganha.

CORRIDA DE FUNIS (jogo de estafeta)
Materiais: corda elástica, funil.
Faixa etária sugerida: a partir de 4 anos.
Objetivos: criatividade, atenção, agilidade.

Formação: as crianças deverão se agrupar em duas turmas, cada uma das turmas deverá introduzir um funil, com a parte mais fina voltada para um laço feito no centro da corda. Os jogadores terão que levar os funis até o laço, apenas soprando. Vence quem chegar primeiro.

CORRA, SEU URSO! (brincadeira)
Faixa etária sugerida: a partir de 5 anos.
Objetivos: desenvolver a percepção e sociabilização, atenção, agilidade.

A criança destaque, o "urso", fica a 10 ou 15 m de costas para o resto do grupo, que estará à vontade, no pique.

Do pique, o grupo tentará chegar em silêncio o mais perto do "urso". A criança que conseguir tocá-lo, grita: "Corra, seu urso!", e volta correndo com o resto do grupo para o pique. O "urso", desafiado, volta-se e persegue o grupo. Bastará que uma criança seja tocada pelo "urso" para se transformar em auxiliar do mesmo, ajudando-o a pegar os colegas. O jogo recomeça com dois "ursos", e terminará quando todos se transformarem em "ursos".

CORRIDA DOS ANÕES (jogo de estafeta)
Faixa etária sugerida: a partir de 10 anos.
Objetivos: espírito de equipe, socialização, coordenação, força de membros inferiores.

Alunos em colunas, agachados e de mãos dadas formando uma corrente, atrás de uma linha de partida; ao sinal do professor todos saem correndo até um local determinado como linha de chegada, sem soltar as mãos e sem levantar. Ganha a equipe que atravessar a linha de chegada primeiro.

CORRIDA MALUCA (brincadeira)

Faixa etária: a partir de 7 anos.

Objetivos: atenção, concentração, agilidade, ritmo, orientação espacial.

Alunos em pares, um ao lado do outro, um com a perna direita, outro com a esquerda, elevadas e entrelaçadas, atrás de uma linha de partida. Ao sinal de início, as duplas saem correndo, procurando alcançar uma linha predeterminada; ali chegando trocam-se as posições, voltando à linha de partida. Ganha a dupla que chegar primeiro sem soltar e sem apoiar as pernas entrelaçadas no chão.

CAÇADOR E COELHINHOS (brincadeira)

Material: nenhum.

Faixa etária: a partir de 7 anos.

Objetivo: coordenação, atenção, concentração, lateralidade.

Crianças sentadas formando um círculo fazem o papel de coelhinhos.

O caçador (pode ser o professor), no meio da roda, aponta o dedo com o braço estendido e pum!, dispara um tiro em direção a um coelhinho da roda. Este resguarda-se cobrindo o rosto com as mãos. O coelhinho da direita e o da esquerda daquele atingido pelo tiro imediatamente levantam as orelhas, colocando as mãos abertas à altura das orelhas.

O coelho que não agir no momento oportuno ou que se enganar perderá um ponto.

CANGURU (jogo de estafeta)

Materiais: bolas de borracha.

Faixa etária: a partir de 6 anos.

Objetivos: coordenação motora, força de membros inferiores.

Alunos divididos em colunas, pernas afastadas, cada coluna com uma bola.

A um sinal, os primeiros rolam a bola até o último jogador de sua coluna; este a apanha, vem saltitando com os pés juntos até a frente da coluna, mantendo a bola presa entre os joelhos, fazendo-a rolar de novo pelo túnel. Vence a coluna que em primeiro lugar todos os participantes tenham executado a ação e a coluna estiver refeita.

Obs.: esse jogo é uma variação do bola ao túnel.

CARA METADE (brincadeira)

Materiais: cartões com figuras desenhadas, cortados na metade.

Faixa etária: a partir de 7 anos.

Objetivos: raciocínio lógico, atenção, socialização.

Cada aluno receberá um cartão com a metade de uma figura; ao sinal do professor, todos deverão procurar encontrar seu par (que completa a figura). Quem encontrar primeiro ganha um ponto.

O jogo continua enquanto houver interesse.

Obs.: pode-se variar mudando o conteúdo para números, resultados de contas, conceitos de outras matérias, etc.

CAÇADA ORIGINAL (brincadeira)
Material: lista de coleta dos objetos.
Faixa etária: a partir de 5 anos.
Objetivos: descontração, espírito de equipe, união.

Alunos divididos em equipes; cada equipe receberá uma lista bem original que deverá ser encontrada no menor tempo possível. Ganha a equipe que encontrar todos os elementos da lista em primeiro lugar. Para as crianças pequenas é fundamental que exista sempre a figura de um responsável para ler a lista e incentivar as crianças.

CORRE COTIA (brincadeira)
Material: nenhum.
Faixa etária: a partir de 3 anos.
Objetivos: atenção, concentração e agilidade.

Crianças em círculo e sentadas, uma criança com um lenço ou qualquer outro objeto leve.
As crianças cantam a seguinte música:
>Corre cotia, na casa da tia
>Corre cipó, na casa da avó
>Lencinho na mão, caiu no chão
>Moça bonita do meu coração
>Galo que canta corococó
>Chupa cana com um dente só.

Pode jogar? As crianças da roda dizem: "Sim!"
Ninguém vai olhar? "Não!"

Nesse momento todos da roda fecham os olhos e a criança que está com o lenço coloca-o atrás de alguma criança e sai correndo ao redor da roda, caso consiga dar a volta sem o outro perceber que está com o lenço atrás, ganha o direito de escolher um bicho para a criança imitar. Caso a criança perceba rápido e alcance o colega que está correndo e o pegue antes de ele sentar no lugar da que estava com o lenço atrás, quem paga a prenda é ela.

CALÇAR AS CADEIRAS (jogo de estafeta)
Materiais: 2 cadeiras.
Faixa etária: a partir de 7 anos.
Objetivos: agilidade, coordenação, sensibilidade.

Crianças divididas em 2 grupos. Uma das crianças de cada grupo, de posse de 4 tênis, deverá ao sinal do professor correr até o local onde estão as cadeiras e colocar os tênis um a um nos quatro pés. Vence quem calçar as cadeiras primeiro.
Variações: calçar as cadeiras com olhos vendados, somente com indicação dos companheiros, uma criança coloca e outra tira os tênis.

COLECIONADOR GULOSO (brincadeira)
Materiais: objetos variados (pedras, rolhas, pilhas velhas, latas pequenas e outras sucatas; todos os materiais devem ser pequenos).
Faixa etária: a partir de 8 anos.

Objetivos: desenvolver o espírito de grupo e colaboração, trabalhar a criatividade.

Dividir os alunos em duas ou mais equipes, todos em colunas sentados em um local predeterminado. Espalhar os objetos no centro de um círculo bem grande desenhado na quadra (mais ou menos 6 metros de diâmetro).

Dado o sinal de início os grupos deverão tentar recolher todos os objetos possíveis, sendo que não poderão tocar os pés e as pernas na parte interna do círculo, e deverão retirar apenas um objeto de cada vez indo levar para o local onde sua equipe estava reunida no começo do jogo. Como os alunos não podem tocar com os pés na parte interna do círculo é interessante lembrar-lhes que eles podem e devem tentar se ajudar, segurando ou apoiando o colega.

Pode-se marcar um tempo ou combinar de parar quando todos os objetos tiverem sido recolhidos; ganha a equipe que mais recolher objetos.

CULTURINHA (variação do STOP) (brincadeira)
Materiais: folhas de sulfite, lápis ou canetas.
Faixa etária sugerida: a partir de 10 anos.
Objetivos: domínio verbal, integração, conhecimentos gerais, memória.

Esta brincadeira precisa de lápis e papel. Cada jogador terá que montar um quadradinho. Na vertical, quaisquer letras do alfabeto, e na horizontal as especificações de que será desenvolvido. Cada rodada terá um tempo. Assim, acidentes geográficos, profissões, marcas industriais, nomes de livros e filmes podem ser tema. O jogo se torna interessante porque cada participante terá de buscar nomes originais começados pela mesma letra. Por exemplo: se o tema for profissões, cada jogador deverá relacionar no seu papel nomes de profissões, mas que comecem com determinadas letras (as que estão na vertical). Ao serem computadas as respostas, quem não tiver conseguido respostas para algum item não terá ponto algum. Quando a resposta for igual a de outros jogadores cada um ganhará 5 pontos e a resposta mais original valerá 10 pontos.

CORRIDA DO NÓ (brincadeira)

Materiais: um rolo de barbante, tesoura.

Faixa etária sugerida: a partir de 7 anos.

Objetivos: integração, coordenação motora fina, agilidade.

A classe é dividida em várias equipes e em círculos, tendo um líder em cada círculo, com um pedaço de barbante. A um sinal o líder de cada círculo dá um nó no barbante e passa-o para o seguinte, que dá outro nó e assim por diante, até o último do círculo; vence o grupo que terminar em primeiro lugar. Não se podem sobrepor nós.

CORRIDA DAS CADEIRAS (brincadeira)

Materiais: sete bonequinhos recortados em cartolina, numerados, correspondendo a um determinado grupo. Também em cartolina serão pintadas e recortadas sete cadeirinhas e uma poltrona.

Faixa etária sugerida: a partir de 10 anos. Pode ser adaptado para crianças menores, com palavras de uso no dia-a-dia

Objetivos: domínio verbal, integração, conhecimentos gerais.

Fixas no flanelógrafo, as cadeirinhas são os obstáculos que os bonequinhos vão transpor, à medida que forem resolvendo as questões.

Divide-se a turma em sete grupos, a cada um dos quais se designa um bonequinho e um envelope, contendo diversas questões, que podem versar sobre qualquer matéria. O professor interrogará os componentes do grupo a respeito das questões dadas. Se alguém acertar, o grupo passará uma cadeirinha adiante. Torna-se vencedor o grupo que alcança a poltrona primeiro.

CONSTRUINDO FRASES (brincadeira)

Material: nenhum.

Faixa etária sugerida: a partir de 10 anos.

Objetivos: raciocínio, prontidão, memória.

Formação: os participantes formam uma roda.

Desenvolvimento: o animador diz uma palavra e os participantes, cada qual por seu turno, da esquerda para a direita, vão acrescentando uma palavra que contribua para completar o sentido da frase. Ao chegar sua vez, e no intuito de relembrar, cada participante deve repetir toda a frase construída até então, e no final acrescentar uma palavra. Quem não se lembrar da frase, ou não imaginar rapidamente uma palavra, não poderá participar da rodada seguinte.

CORRIDA DE LENÇOS (brincadeira)

Materiais: duas cadeiras e dois lenços.

Faixa etária sugerida: 5 anos em diante.

Objetivo: desenvolver a coordenação, agilidade e velocidade.

Formação: dispõem-se os jogadores em duas fileiras que se defrontam, separadas uma da outra pelo espaço de cinco metros. As duas fileiras serão igualmente numeradas. Os participantes deverão defrontar-se em diagonal. Duas cadeiras, cada uma com um lenço amarrado no espaldar, serão colocadas entre as extremidades das fileiras.

Desenvolvimento: dado o sinal de início, o jogador número um, próximo à cadeira A, corre entre as fileiras na direção da cadeira B, desamarra o lenço desta e vai amarrá-lo na cadeira A. Isto feito, volta ao seu lugar e bate na mão estendida do jogador dois. Do mesmo modo procederá o jogador número um, próximo à cadeira B, correndo na direção da cadeira A.

Os jogadores número dois, ao receberem a batida na mão, repetem a ação de seus antecessores. E assim sucessivamente.

Será considerada vitoriosa a equipe cujo último jogador desamarrar o lenço em primeiro lugar.

COMO GANHAR BALAS (brincadeira)

Materiais: um livro e quantidade de balas suficiente para todos.

Faixa etária sugerida: a partir de 8 anos.

Objetivos: treino e manutenção do equilíbrio.

Formação: coloca-se sobre o chão um livro entreaberto, numa posição tal que possa se manter de pé. No canto da parte superior, deposita-se um bala.

Desenvolvimento: os participantes, cada qual por seu turno, devem tentar apanhar a bala com os dentes, conservando-se na seguinte posição: a mão direita passando pelas costas, deve levantar a perna esquerda; a mão esquerda, por sua vez, deve segurar a orelha direita. Quem deixar o livro cair perde. Aquele, no entanto, que conseguir pegar a bala sem derrubar o livro será vencedor e, naturalmente, poderá saboreá-la. O jogo pode se prolongar pelo espaço de tempo em que houver interesse e estoque de balas.

CESTA DE FRUTAS (brincadeira)

Materiais: cartões com o nome e desenho de uma fruta.

Faixa etária sugerida: a partir de 7 anos

Objetivos: atenção, agilidade, conhecer nomes de frutas.

Alunos em círculo, sentados com o cartão da fruta na mão; uma criança no centro, que fala "vai passando um fruteiro que leva..." e menciona o nome de 2 frutas, banana e laranja, por exemplo. As duas crianças que têm o cartão com estes nomes deverão trocar de lugar imediatamente, a do centro tenta ocupar um lugar vago; quem sobrar vai para o centro. Se for dito "a cesta virou", todos tem que trocar de lugar.

CAÇADOR (brincadeira)

Faixa etária sugerida: a partir de 7 anos.
Objetivos: coordenação, lateralidade.

Crianças em círculos, um aluno ao centro será o caçador.

Ao sinal do professor a criança do centro aponta um colega, este levanta os dois braços; quem estiver à sua direita deverá levantar o braço esquerdo, quem estiver à sua esquerda deverá levantar o braço direito. Quem errar vai para o centro.

CAÇA AOS NÚMEROS (jogo)

Materiais: cartões numerados de 1 a 50 (vários).
Faixa etária sugerida: a partir de 3 anos.
Objetivos: raciocínio matemático, agilidade, observação, espírito de equipe.

Dividir as crianças em equipes, e ao sinal do professor elas irão procurar os cartões antecipadamente escondidos. É fundamental a presença de um adulto com as crianças menores de 6 anos.

Ganha o grupo que somar mais pontos com os cartões encontrados.

CORRIDA DOS NÚMEROS (brincadeira)

Materiais: cartões marcados, em quantidade igual à de crianças.
Faixa etária sugerida: a partir de 8 anos.
Objetivos: desenvolvimento cognitivo, descontração, etc.

Formação: sentadas, em círculo, cada criança com um número na sua frente.

Desenvolvimento: o professor dirá dois números, e aquelas crianças que forem correspondentes aos números ditos irão se levantar; aquela que teve seu número dito primeiro passará a percorrer a outra. Pode-se marcar um local como pique para que a criança que está fugindo tente chegar, e caso consiga ganha um ponto, ou se o pegador pegá-la primeiro ele é que ganhará o ponto. Será vencedor o aluno que tiver mais pontos ao final da brincadeira.

Variação: pode-se marcar os cartões com figuras geométricas, animais, cores, etc.

CORREIO DOS ESTADOS (brincadeira)

Material: giz.
Faixa etária sugeridas: a partir de 7 anos.
Objetivos: agilidade, coordenação, velocidade.

O professor pedirá aos alunos que se coloquem em pé, formando um grande círculo. Cada lugar será demarcado com giz, levando o nome de um Estado. No centro do círculo ficará um aluno, que não representa nenhum Estado. O professor dirá, por exemplo: "Correio entre São Paulo e Piauí".

Os alunos que representam esses Estados trocarão de lugares antes que o aluno do centro ocupe um dos lugares vagos. Se o aluno do centro conseguir ocupar o lugar de um dos Estados, ele passará ser o seu representante, enquanto que o outro aluno ocupará o meio do círculo, esperando outra ordem do professor, que indicará novo movimento de correio.

CORRIDA DO OVO (brincadeira)

Materiais: ovos cozidos.

Faixa etária sugeridas: a partir de 7 anos.

Objetivos: equilíbrio, coordenação, agilidade.

Descrição: em primeiro lugar, o professor pedirá aos alunos que encostem as carteiras nas paredes da sala. O professor organizará a turma em pares e desenhará uma linha de partida próxima à parede do quadro negro e uma linha de chegada na parede oposta da sala.

Cada par irá segurar um ovo cozido, entre as testas, na linha da partida. Após o sinal do professor, cada dupla deverá ir, o mais rápido possível, até o final da sala, sem deixar o ovo cair. Os alunos não poderão usar as mãos para consertar ou equilibrar os ovos. Caso o par deixe cair o ovo, terá que voltar à linha de partida e recomeçar a corrida. O vencedor será o par que fizer o percurso sem deixar o ovo cair e sem tocá-lo.

COMER E ASSOBIAR (jogo de estafeta)
Materiais: cadeira, biscoitos.
Faixa etária sugerida: a partir de 10 anos
Objetivos: agilidade, coordenação.

O professor, primeiramente, dividirá a turma em vários grupos com o mesmo número de alunos. Posteriormente, ele colocará todos os alunos sentados, formando um círculo. Depois, organizará no centro do círculo dois grupos de participantes, que estarão sentados em cadeiras, frente a frente. Cada participante sentado numa das cadeiras receberá um biscoito.

Ao sinal do professor, o primeiro de cada fileira deverá comer seu biscoito e assim que terminar dará um assobio para o vizinho, que imediatamente começará a comer o seu biscoito e ao terminar assobiará para o seu vizinho, que fará a mesma coisa. O último de cada fileira, ao acabar de comer o biscoito, deverá dar um assobio e ficar de pé.

O vencedor será o grupo que terminar primeiro a tarefa de comer o biscoito e assobiar.

Os jogos prosseguirão até que se determine o grupo vencedor geral.

CONTOS FEITOS POR TODOS (brincadeira)
Material: nenhum.
Faixa etária sugerida: a partir de 7 anos.
Objetivos: criatividade, imaginação.

O professor disporá os alunos sentados no chão, formando um grande círculo.

O professor convidará um dos participantes para que comece a contar uma estória inventada por ele, no momento, falando somente o início da primeira frase.

Continuando a disposição dos alunos no círculo, o professor pedirá que cada um dos participantes continue com a estória, acrescentando mais uma frase.

Cabe ao professor incentivar os participantes para que a estória tenha continuidade, como se fosse somente uma pessoa a contá-la.

CORRENTE LÓGICA (brincadeira)
Faixa etária sugerida: a partir de 10 anos.
Objetivos: memorização, criatividade, velocidade de raciocínio.

Descrição da atividade: os alunos deverão estar sentados em uma grande roda de cadeiras ou sentados no chão. O professor pronunciará o nome de uma pessoa, animal, palavra ou objeto. Por exemplo: ladrão. O próximo aluno repete a palavra dita pelo professor e a encadeia com lógica a outra palavra, por exemplo: um ladrão me lembra preso. O jogador seguinte terá que encadear uma outra palavra, por exemplo: preso me lembra pássaro na gaiola. Cada aluno terá no máximo vinte segundos para encadear outra palavra. Aquele que ultrapassar o tempo ou ficar pensando muito terá que pagar uma prenda que será escolhida pelo próximo aluno. Fica a critério do professor escolher quem começa e para que lado vai rodar.

ATRÁS DO ÍNDIO ou CANIBAL (jogo)

Material: tinta para pintura a dedo.
Faixa etária sugerida: a partir de 7 anos.
Objetivos: agilidade, espírito de equipe.

Usado muito em acampamentos, nas brincadeiras noturnas. Não há número determinado de equipes, ou participantes. São 3 índios escondidos com os números 1, 2 e 3, e o índio canibal.

As equipes devem sair à caça dos índios. Elas deverão sempre estar completas. Ao encontrar um índio devem saber se ele é o número 1, 2 ou 3. O índio só falará o seu número após a equipe ter realizado uma tarefa para ele.

O índio n° 2 só pintará o rosto dos alunos se eles estiverem com a marca do n° 1, e o n° 3 se estiverem com a marca do n° 2. Sendo assim, a equipe deverá procurá-los na ordem.

Caso a equipe encontre, por exemplo, primeiro o n° 3, eles realizam a tarefa para saber que índio ele é, mas como eles não têm ainda a marca do n° 1, ele pode falar simplesmente que não é o n° 1, assim também com o n° 2. Então os participantes devem sair atrás do primeiro e do segundo.

A equipe que conseguir achar os 3 índios será a equipe vencedora.

Mas, se no caminho forem surpreendidos pelo índio canibal, terão que reiniciar sua caça, pois o índio canibal, irá anular suas marcas com um grande risco branco sobre elas. Os índios podem combinar algum tipo de marca característica para que as crianças os diferenciem.

Objetivo: recreação em primeiro lugar, manter a atenção dos alunos em saber qual índio (reconhecimento, socialização).

CORRA QUE A ÁGUA VEM AÍ (brincadeira)

Material: 1 balde com água.
Faixa etária sugerida: a partir de 7 anos.
Objetivos: agilidade, atenção.

Duas equipes. Os integrantes de cada equipe devem combinar antes do início do jogo um número de 1 até o número de componentes da equipe. Cada componente da mesma será um número.

Após isto, para dar início ao jogo, colocar as equipes perfiladas em fileiras uma de frente para a outra, sentadas, com o balde a mais ou menos 2 metros de distância de cada uma.

O professor chama um número. Os integrantes, um de cada equipe, que são chamados devem correr e pegar o balde antes do adversário. Quem conseguir pegá-lo primeiro deve tentar molhar o adversário, que deve fugir. Se não conseguir molhá-lo em 5 segundos, quem ganha o ponto é a outra equipe.

CANÇÕES POR GRUPO (brincadeira)

Materiais: papéis com nomes de músicas do momento.

Faixa etária sugerida: a partir de 10 anos.

Objetivos: espírito de equipe, ritmo.

Em um recipiente se colocam tantos bilhetinhos quantos sejam os participantes. Em cada papelzinho estará escrito o nome de uma canção bem popular. A um sinal dado, cada um toma seu bilhete e começa a cantarolar a canção que ali está escrita. À medida que cada um canta a sua canção, vai identificando quem está cantando a mesma melodia e vai se juntando a ele, formando um grupo.

Depois de formados os grupos, aproveite-os para outros tipos de brincadeiras.

DEDO MINDINHO (brincadeira)

Material: nenhum.

Faixa etária sugerida: a partir de 4 anos.

Objetivo: descoberta dos dedos da mão e possíveis movimentos.

Pega-se a mão da criança e vai-se indicando cada um dos dedos dizendo:

— Dedo mindinho (auricular), seu vizinho (anelar), pai de todos (o médio), fura-bolos (o indicador), mata-piolho (polegar).

Em seguida roça-lhe na palma da mão e pergunta-se:

— Quem foi que tirou o toucinho daqui?

A própria pessoa responde, se a criança ainda não fala.

— Foi o rato!

E prossegue, passeando com a mão ao longo do braço da criança fazendo cócegas e dizendo:

— Lá vai o gatinho atrás do ratinho... Lá vai o gatinho atrás do ratinho... miau, miau... entrou no buraquinho (cutuca-se de leve a orelha da criança).

DESCARGA ELÉTRICA (brincadeira)

Material utilizado: nenhum.

Faixa etária sugerida: a partir de 7 anos.

Objetivos: atenção, integração do grupo.

As cadeiras deverão ser afastadas para o canto da sala, os alunos deverão formar uma grande roda e sentar-se no chão. Serão escolhidas quantas pessoas quiserem para se retirar da sala. Elas vão se retirar sem saber o que vai acontecer lá dentro, muito menos o nome da brincadeira, para não perder a graça. Quando elas já estiverem fora da sala, o professor combina com os alunos quem será a descarga elétrica e um aluno é escolhido. Quando um dos alunos for entrar é combinado que todos que estiverem na roda vão ficar como estivessem meditando, mas com os olhos abertos; o aluno que entrou terá que parar em frente de um aluno e colocar as mãos sobre a cabeça dele, quando ele colocar a mão em cima da cabeça do aluno que foi escolhido para ficar com a descarga elétrica todos os alunos dão um grande grito, assustando o colega. Da mesma forma acontece com os outros que estão do lado de fora da sala.

Variação: quando a sala tiver muitos alunos é melhor escolher mais alunos para ficar com a descarga elétrica para a brincadeira ficar mais rápida, assim mais alunos poderão participar.

DESAFIOS (jogos)

Materiais: fichas para anotar os resultados, folhas de sulfite, canetas.

Faixa etária sugerida: a partir de 16 anos.

Objetivos: criatividade, atenção, concentração, lógica e outros objetivos de acordo com o desafio.

São atividades passivas que podem ser aplicadas em intervalos de atividades como uma atividade de espera, como também no café-da-manhã (na porta do restaurante), quando obrigatoriamente passa um grande número de pessoas. Podem ser elas:

1 – Enigmas: perguntas que despertem dúvida e curiosidade. Podem ser encontradas em revistas de enigmas em bancas de jornais;

2 – Quadrado maluco: desenho confuso dentro de um quadrado que pode ser interpretado de várias maneiras, havendo apenas uma forma correta. Colocar como ideal de 4 a 5 quadrados de em cada apresentação;

3 – Painel fotográfico: são fotos de pessoas famosas (cantores, atores, políticos, etc.); devem ser colocadas em um painel como se fosse uma exposição (porém devem estar numeradas), para que os participantes respondam o nome dos mesmos. O vencedor será o que tiver maior número de respostas corretas;

4 – Painel de pares famosos: semelhante ao painel fotográfico, porém devem ser colocadas fotos de casais famosos. Seguem alguns exemplos: Romeu – Julieta, Cebolinha – Mônica, Tristão – Isolda;

5 – Pacote surpresa: deve ser feita uma caixa decorada com um objeto dentro, e serão dadas pistas aos participantes para que seja adivinhado o objeto;

6 – Desafios do dia: esta atividade pode variar de acordo com criatividade do profissional e consiste em se criar uma atividade que gere uma pergunta em função de uma determinada situação, como por exemplo: colocar uma raquete de tênis sobre uma bandeja e perguntar o peso da raquete. Cada participante dará o seu prognóstico e o número do apto. (no caso de hotel) ou o nome (no caso de clube), enfim, uma identificação para posterior premiação. O detalhe principal desta atividade será a produção da mesa com o objeto escolhido. Exemplos de desafios: quantos palitos estão espetados na maçã, quantas páginas tem o livro, quantos grãos são necessários para derramar a água do copo, qual a soma da idade dos monitores...

DETETIVE

Materiais: fantasias diversas, folhas de sulfite, caneta e uma prancheta para cada equipe.

Faixa etária sugerida: a partir de 10 anos.

Objetivos: trabalho em equipe, criatividade.

Os recreacionistas devidamente caracterizados representarão uma história de intriga e assassinato, na qual todas as personagens demonstrarão interesse na morte ou sumiço de uma delas, o que ocorre em um dado momento.

A platéia, previamente dividida em grupos, poderá examinar todos os detalhes deixados na cena do crime e interrogar livremente todas as personagens suspeitas. É importante que todas as personagens tenham álibis, pois uma incriminará a outra.

Os participantes serão detetives e terão um tempo determinado para entregarem por escrito a resposta do que aconteceu no crime, procurando desvendar e justificar QUEM matou, POR QUE matou e COMO matou.

Após a entrega das respostas, as personagens voltarão e representarão tudo o que aconteceu realmente.

Apresentamos aqui um exemplo de detetive:
Detetive: O caso da carta bomba

Na pequena e calma cidade de Quexeramubim, o prefeito, Sr. Charleston Antônio recebeu um pacote-bomba que felizmente não foi acionado. Agora o prefeito quer descobrir quem fez isso e por que fez.

Personagens:

A vítima: CHARLESTON ANTÔNIO. Prefeito de Quexeramubim, sempre fala como se estivesse discursando; quando foi eleito muitos disseram que a eleição não foi honesta; acha que foi Junina Alves, sua ex-mulher; ele pediu a separação depois de 25 anos de casamento para se casar com uma mulher 25 anos mais jovem, e Junina disse que iria se vingar.

Os suspeitos: 1 – JUNINA ALVES: ex-mulher de Charleston, tem um estilo Elke Maravilha; ainda gostava muito dele, mas estava com raiva pela separação. Acha que foi Leocádio Poro, o segundo homem mais rico da região; ele sempre quis ser o poder máximo da cidade, e matando Charleston iria conseguir isso.

2 – LEOCÁDIO PORO: um verdadeiro coronel, meio surdo; tinha um depósito de material explosivo em sua casa, mas nega qualquer participação nesse episódio; diz que já tentou mesmo matar Charleston outras vezes, mas não seria covarde de mandar uma carta-bomba. Lamenta que o prefeito não tenha morrido. Suspeita de Inacinha Feijó, a nova esposa de Charleston, para ficar com a herança.

3 – INACINHA FEIJÓ: completamente tapada, acha graça em tudo; ela é bem burrinha mesmo. Diz que não foi ela. Nunca escreveria uma carta já que não sabe escrever. Acha que foi seu ex-namorado, Lupicínio Adolfo, que sempre perdia para Charleston, perdeu as eleições para o prefeito, perdeu no jogo de cartas, perdeu a Inacinha, perdeu até no par ou ímpar. Acha que ele ficou cansado de perder tanto e resolveu acabar com o prefeito. (VERDADE)

4 – LUPICÍNIO ADOLFO: era o carteiro da cidade, vivia perdendo para Charleston, é um rapaz que vive de mau humor, não gosta muito de conversa, (fala com os grupos andando como se estivesse entregando cartas) acha que foi Carabina Sales, pois o prefeito mandou despejá-la de seu sítio para vender...

5 – CARABINA SALES: para conversar com ela tem que ir com muita calma, pois qualquer alteração ela já quer atirar; quando se fala o nome de Charleston a mulher tem uma crise nervosa e começa a brigar com todo o mundo e mandar todos embora. Tem que falar "o prefeito". Acha que foi Minervina, a empregada de

Charleston; ele sempre prometeu que se fosse eleito daria uma casa a ela, não cumpriu e ela ficou com muita raiva e pediu demissão. Charleston fez algumas contas e disse que ela teria que trabalhar pelo menos dois anos de graça para ele, pois contando com as refeições, moradia e mordomia, a empregada estava devendo para ele.

6 – MINERVINA: mineira muito faladeira, estava bravíssima com Charleston e disse que queria ter tido essa idéia ótima antes da pessoa que mandou a carta; acha que foi o dono do bar, Etelvino Flores. Charleston abriu um bar em frente ao bar dele provocando sua falência.

7 – ETELVINO FLORES: ficou muito pobre depois que faliu; não fala mal de Charleston, acha que ele estava no direito de abrir um comércio, mas gostaria muito de vê-lo pobre pedindo esmolas. Acha que o prefeito mandou para si mesmo a carta bomba para que todos tivessem pena e passassem a gostar dele. Acha que se qualquer outra pessoa tivesse mandado a bomba teria explodido.

CONCLUSÃO: CULPADO – Lupicínio. MOTIVO: cansou-se de perder tudo para Charleston. Como era carteiro ficaria fácil entregar a carta sem levantar suspeitas.

DETETIVE – I (jogo)
Materiais: papel, lápis.
Faixa etária sugerida: a partir de 8 anos.
Objetivos: observação, integração de grupo.

Descrição da atividade: as cadeiras deverão ser afastadas para as laterais da sala; os alunos deverão ficar espalhados pelo espaço. Será feito um sorteio para definir quem será o assassino, o detetive e as vítimas. Feito isso, todos deverão se movimentar pela sala de aula, o assassino deverá matar suas vítimas, dando um discreto toque nas costas das vítimas e este então deverá cair no chão fingindo estar morto. O detetive terá que descobrir quem é o assassino e por outro lado, o assassino não sabe quem é o detetive. Caso o detetive desconfie de alguém, ele deverá se aproximar do aluno e dizer: "preso em nome da lei". Se acertar, escolhe uma prenda para que o assassino pague, se errar mais de três vezes, terá que pagar uma prenda escolhida pelas vítimas.

Variação: para dificultar a ação do detetive, pode-se eleger um médico para socorrer as vítimas, assim, o número de pessoas não diminuirá e o assassino poderá agir sem ser notado mais facilmente.

Dica: quando o assassino matar sua vítima, ela pode esperar um pouco para cair, desta forma não dá tão na cara quem é o assassino.

DANÇA DAS CADEIRAS PORTUGUESA (jogo cooperativo)

Materiais: arcos ou bambolê.

Faixa etária sugerida: a partir de 7 anos.

Objetivos: cooperação, socialização, percepção visual, localização espaço-temporal, agilidade.

Arcos distribuídos pelo espaço físico; a um sinal do professor as crianças correm ou andam ao redor dos arcos. Quando o professor apitar, as crianças ocupam os arcos. Em cada arco podem ficar quantas crianças couberem, desde que alguma parte do corpo fique dentro do arco.

Retorna a movimentação retirando alguns arcos; chega-se a um momento no qual existem poucos arcos e muitas crianças, e continua até sobrar um arco e todos juntos dentro do mesmo (com qualquer parte do corpo).

DANÇA DAS CADEIRAS PORTUGUESA – I
(jogo cooperativo)
Materiais: várias cadeiras.
Faixa etária sugerida: a partir de 7 anos.
Objetivos: cooperação, socialização, percepção visual, localização espaço-temporal, agilidade.

As cadeiras dispostas em duas colunas no espaço; ao sinal do professor as crianças andam em volta das cadeiras e quando o professor apitar todos têm que sentar, podendo ser inclusive no colo do amigo.

Continua o jogo retirando-se aos poucos todas as cadeiras até sobrar uma somente e todos sentados juntos.

DESENHOS (brincadeira)
Materiais: quadro negro, giz, cronômetro, papel e lápis.
Faixa etária sugerida: a partir de 7 anos.
Objetivos: criatividade, habilidade.

O professor dividirá a turma em colunas de carteiras; os componentes de cada coluna escolherão os seus representantes. Os representantes deverão ter habilidade em desenhar, embora os outros colegas possam participar também.

O representante da coluna 1, por exemplo, irá ao quadro negro, recebendo do professor uma lista de cinco palavras previamente preparadas. Ao sinal do professor, e num tempo de cinco minutos, o representante irá desenhar o que está na lista e os seus colegas da coluna 1 terão de dizer, o mais rápido possível, quais são os cinco desenhos.

O professor anotará o tempo gasto pelo representante para realizar os cinco desenhos e pelos colegas para decifrar os desenhos. Vencerá a coluna que conseguir decifrar os desenhos no menor tempo possível.

O mesmo será feito com os outros representantes das colunas. Em caso de empate, o desempate será feito somente com os representantes das colunas que empataram e com uma nova lista de palavras.

DESCREVENDO COM O OLHAR (brincadeira)
Faixa etária sugerida: a partir de 7 anos.
Objetivos: imaginação, observação, percepção.

O professor disporá a turma formando um círculo e chamará um aluno para ir ao centro deste e o aluno com o olhar e com a cabeça deverá transmitir as seguintes mensagens, por exemplo:

> Corrida de carro;
> Partida de tênis;
> Avião decolando;

Ponteiro de um relógio;
Jogo de tênis de mesa;
Mosquito voando, etc...

A turma irá eleger a melhor *performance*.

DICIONÁRIO (jogo)

Materiais: um dicionário, folhas de sulfite, lápis ou canetas.

Faixa etária sugerida: a partir de 10 anos. Pode ser adaptado para crianças menores, com palavras de uso no dia-a-dia.

Objetivos: domínio verbal, integração.

Abre-se um dicionário em uma página e escolhe-se uma palavra pouco conhecida e com muitas conotações. Cada jogador escreve, então, o significado que julga correto. O participante que estiver com o dicionário lerá todos os significados, inclusive o que consta no dicionário (no meio da leitura, como se fosse um dos escritos pelos jogadores). Se alguém acertar o significado leva 15 pontos (ganhou a rodada). Se no entanto ninguém der o significado correto da palavra, todos terão uma outra oportunidade; vão escrever um novo significado entre os que foram lidos (é valido escolher, por exemplo, os três mais sugestivos). Na próxima apuração quem acertar ganha 7 pontos.

DESAFIO (jogo)

Faixa etária sugerida: a partir de 9 anos.

Objetivos: atenção, concentração, volta à calma.

Duas equipes, frente a frente (sentadas); o professor escolhe um aluno de uma equipe que dirá o nome de um objeto qualquer, lápis, por exemplo; os alunos da outra equipe terão que dizer palavras que dêem qualidades ao lápis: preto, grosso, fino, bonito, etc. Depois invertem-se os papéis. Pode-se estipular um tempo, ou também ter que dizer bem rápido, quem demorar erra e é ponto para a equipe adversária.

DANÇA MALUCA (brincadeira)

Materiais: giz, fita ou CD com música bem agitada.

Faixa etária: a partir de 10 anos.

Objetivos: interação, ritmo, agilidade.

Todos os participantes dentro de um círculo demarcado no chão, de braços cruzados, deverão dançar e ao mesmo tempo tempo tentar tirar os colegas de dentro do círculo usando apenas os quadris.

DESAFIO DAS CORES (brincadeira)

Materiais: cartões coloridos.

Faixa etária sugerida: a partir de 5 anos.

Objetivos: criatividade, atenção, agilidade, ritmo.

O professor mostrará cartões e dirá o significado de cada um:

Azul: dançar em duplas;
Amarelo: dar um abraço em três pessoas;
Verde: dar um beijo em três pessoas;
Preto: dançar com uma das mão no joelho de um colega;
Branco: dançar em trios.

Quando a música começar todos estarão se movimentando pelo espaço à vontade no ritmo da música, e a cada parada da música será mostrado um cartão, sendo que os alunos deverão executar rapidamente a tarefa pedida de acordo com a cor do cartão.

DURO ou MOLE (brincadeira)
Faixa etária sugerida: a partir de 7 anos.
Objetivos: desenvolver a percepção, agilidade, coordenação e sociabilização.

Escolhe-se um aluno para ser o pegador, para correr atrás dos colegas. Quando conseguir encostar em algum, gritará: "Duro!", então a criança terá que parar na posição em que está, esperando que os outros colegas cheguem até ela e a toquem, gritando: "Mole!". Automaticamente, a criança poderá voltar a correr e até mesmo salvar os que já estão duros.

É importante trocar sempre de pegador ou então trabalhar com duas ou mais crianças de pegadores.

ESTAFETA DE BASTÕES (jogo)
Materiais: 3 bastões para cada equipe.
Faixa etária sugerida: a partir de 7 anos.
Objetivos: coordenação motora, coordenação visomotora.

Os alunos em fila, o primeiro com três bastões, um em cada mão para empurrar o terceiro que está no chão, devendo levá-lo a um ponto pré-determinado. Após ter ido e voltado, entrega ao segundo da fila, continuando o jogo até que todos tenham participado; a coluna que terminar primeiro será a vencedora.

ESCONDE-ESCONDE IMAGINÁRIO (brincadeira)
Material: nenhum.
Faixa etária sugerida: a partir dos 7 anos.
Objetivos: atenção, raciocínio rápido, atenção.

Todos os jogadores sentados. Um aluno é designado a se esconder e imaginará onde estará escondido. Pode ser qualquer parte (dentro do relógio, do rádio, etc...). Perguntará então sucessivamente aos demais: "Onde estou escondido?" Aquele que acertar se esconderá da próxima vez.

Podem-se combinar dicas, ou restrições, de acordo com a faixa etária.

ESTOU VENDO UMA COISA (brincadeira)
Material: nenhum.
Faixa etária sugerida: a partir de 7 anos.
Objetivos: imaginação, observação, vocabulário.

Crianças espalhadas pelo espaço e sentadas à vontade.

O professor começa a brincadeira pedindo para que as crianças adivinhem um objeto dizendo: "Estou vendo uma coisa verde". Quem adivinhar dará prosseguimento à brincadeira, escolhendo novo objeto.

O professor poderá pedir que a crianças lhe segredem o objeto pensado para evitar que "troquem" de objetos à medida que recebem as respostas.

Variações: ao invés da cor, pode-se dar a forma, a inicial do nome ou a matéria de que foi feito o objeto. Exemplos:

"Estou vendo uma coisa quadrada";

"Estou vendo uma coisa cujo nome começa com A";

"Estou vendo uma coisa de plástico".

ELEFANTE VOA! (brincadeira)
Faixa etária sugerida: a partir de 5 anos.
Objetivos: atenção, concentração, volta à calma.

Alunos sentados, o professor começa dizendo o nome de qualquer animal e perguntando: "Elefante voa?" Os alunos respondem sim ou não de acordo com a pergunta, mas para ficar mais divertido podem-se combinar maneiras de responder. Por exemplo: se a resposta for sim, os alunos mexem os braços como se estivessem voando; se a resposta for não, os alunos cruzam os braços para responder.

ELEFANTINHO COLORIDO (brincadeira)
Material: nenhum.
Faixa etária: a partir de 4 anos.
Objetivos: agilidade, coordenação, aprender cores, percepção visual.

Marcar no espaço do jogo duas extremidades, ou dois círculos grandes nas extremidades, onde todos os alunos se posicionarão; escolhe-se um aluno para começar, que ficará no centro e dirá:
— Elefantinho colorido!
Todas as crianças respondem:
— Que cor?
O aluno do centro responde:
— Só passa quem tiver a cor... (dirá uma cor qualquer)
Quem tiver aquela cor na sua roupa pode trocar de lado tranqüilamente, pois está livre, mas todos que não tiverem a cor que foi dita também devem trocar de lado rapidamente evitando serem tocados pelo aluno que disse a cor, sendo que o aluno do meio tentará tocar em alguém que passará a ser seu ajudante; repete-se a brincadeira até que todos sejam pegos. Vence quem ficar por último.

EU GOSTO DE... (brincadeira)

Materiais: giz, aros ou cadeiras.

Faixa etária: a partir dos 7 anos.

Objetivos: agilidade, atenção, descontração, definir características.

Em círculo, sentados em um espaço marcado com giz, ou dentro de aros ou em cadeiras, um aluno ao centro. Para começar a atividade o aluno do centro diz:

— Eu gosto de todos, mas gosto principalmente de quem... (dizer uma característica, por exemplo: cor de cabelo, está de tênis, cor dos olhos, sexo); quem tiver essa característica deve trocar de lugar no círculo, o do meio do círculo tenta pegar um lugar para si; quem ficar por último fica no centro e reinicia a atividade.

ESTOU VENDO UMA COISA (brincadeira)

Materiais: objetos variados em forma e volume.

Faixa etária sugerida: a partir de 4 anos.

Desenvolvimento: entre os objetos presentes o chefe escolherá um qualquer e, para que as crianças adivinhem qual é, indicará a cor. Dirá, por exemplo: "Estou vendo uma coisa vermelha". Cada criança mostrará um objeto que tenha a cor designada e a que conseguir terá a sua vez de escolha. A indicação não precisa ser feita por ordem de jogadores, mas se o número destes for muito grande o chefe designará um a um. Em vez de cor, poderá dizer a forma, a inicial do nome ou a substância de que for feito o objeto. O jogador dirá, por exemplo: "Vejo uma coisa de ferro".

ESTOURA BEXIGA

Materiais: uma bexiga para cada participante, 2 colchões ou colchonetes.

Faixa etária sugerida: a partir de 7 anos.

Objetivos: velocidade, cooperação.

Descrição da atividade: as cadeiras deverão ser afastadas para o canto da sala. Dois grupos em números iguais, com o primeiro aluno posicionado em cima de uma linha de partida; à sua frente deverão ser colocados os colchonetes a uma distância de mais ou menos 4 metros. Os alunos de cada grupo deverão formar uma fila; o primeiro deverá estar com três bexigas na mão o segundo com nenhuma, o terceiro com três, o quarto com nenhuma, e assim por diante. O último deverá ficar sem bexigas, pois ele será o último a estourá-las.

Ao sinal do professor ou responsável o primeiro aluno de cada coluna deverá sair correndo até o colchonete e colocar as três bexigas em cima dele; deverá voltar correndo, bater na mão do aluno seguinte, que sairá correndo em direção ao colchonete e estourar uma bexiga por vez, sentando em cima dela (não poderá estourar com as unhas). O último que estourar as bexigas deverá voltar e tocar a mão do aluno seguinte. O grupo que fizer isso primeiro ganha a brincadeira.

Variação: dois alunos saem em direção ao colchonete, o que está com as bexigas e o que está sem. O que estiver com as bexigas coloca uma no colchonete, o colega senta e estoura, coloca a segunda, o colega senta e estoura, coloca a terceira, o colega senta e estoura, eles voltam correndo, cada um bate na mão dos outros dois alunos que são os próximos e eles saem correndo e fazem a mesma coisa, e assim sucessivamente, até chegar a última dupla.

ESPIRAL HUMANA (brincadeira)
Faixa etária sugerida: a partir de 7 anos.
Objetivos: espírito de equipe, coordenação.

Formar um círculo com todos de mãos dadas. Um dos componentes se solta de seu companheiro da esquerda e começa a caminhar pela esquerda, dentro do círculo. Os restantes, sempre de mãos dadas, o seguem, e pouco a pouco se formará uma espiral humana que ficará cada vez mais apertada. Depois, o companheiro-guia dá a volta e dirige o grupo para fora, terminando no círculo grande original, só que então estarão todos olhando para fora do círculo. Pode ou não ser acompanhado com música.

FRADE ou BOCA DO FORNO (brincadeira)
Material: nenhum.
Faixa etária sugerida: a partir de 5 anos.
Objetivo: socialização, descontração, desenvolvimento cognitivo, etc.

Formação: em pé, crianças espalhadas pela sala, em torno do professor, o frade.
Desenvolvimento: o frade manterá o seguinte diálogo:

— Bento, que bento é o frade?
— Frade. (responderão as crianças).
— Na boca do forno.
— Forno. (gritará o grupo).
— Tirai um bolo.
— Bolo.
— Fareis tudo o que vosso mestre mandar?
— Faremos.

Então o professor dará uma ordem qualquer, que deverá ser cumprida imediatamente por todos. Ex: correr até a parede, bater a mão e voltar.

FESTA DAS CORES (brincadeira)

Materiais: sacola não transparente, objetos coloridos e com formatos variados.

Faixa etária sugerida: a partir de 3 anos.

Objetivos: conhecer cores, formas, memória e atenção.

O professor expõe todos os objetos falando a forma, seu nome e sua cor; após um tempo de observação guarda-os, chama um aluno de cada vez, diz o objeto e o aluno tem que lembrar da cor, ou diz uma cor e o aluno fala o nome de um objeto. Ganha quem acertar, e todos o alunos podem fazer várias vezes.

FOSSO CHINÊS (variação do "manda-rua") (brincadeira)

Faixa etária: a partir de 7 anos.

Objetivos: atenção, concentração, agilidade, ritmo, orientação espacial.

Alunos espalhados à vontade pela quadra. Marcar um retângulo no chão (grande, proporcional ao tamanho da quadra) e um aluno ficará dentro do retângulo (será o pegador). Ao sinal do professor, os alunos tentam cruzar o retângulo e o pegador tenta tocá-los. Quem for tocado passa a ajudar o pegador. Ganha quem ficar por último sem ser pego.

FORMAR GRUPOS (brincadeira)

Faixa etária: a partir de 7 anos.

Objetivos: atenção, concentração, agilidade, ritmo, orientação espacial.

Alunos espalhados à vontade pela quadra; ao comando do professor, "grupo de...", os alunos procuram rapidamente formar os grupos ditos. Quem sobrar 3 vezes paga uma prenda. O professor pode alternar o número de pessoas no comando (grupo de 2, 3 ou mais).

FOGO NA FLORESTA (brincadeira)

Faixa etária: a partir de 7 anos.

Objetivos: atenção, concentração, agilidade, ritmo, orientação espacial.

Alunos em pé, formando um círculo, ao centro 3 alunos. Os componentes da roda marcam seu lugar no solo, desenhando um pequeno círculo; cada aluno recebe um nome de animal (no mínimo 3 alunos devem receber o mesmo nome), e os colegas não podem saber o nome dado para cada amiguinho. Quando o professor fala o nome de algum animal, quem tiver esse nome deve trocar de lugar; os colegas que estão dentro da roda tentam pegar um lugar para si. Quando o professor falar "fogo na floresta" todos trocam de lugares. Quem ficar 3 vezes no centro paga uma prenda.

Obs.: essa atividade pode ser realizada com os alunos sentados em uma cadeira normal.

GOL MALUCO

Materiais: dois cones de borracha.

Faixa etária: a partir dos 7 anos.

Objetivos: coordenação, ritmo, noções de ataque e defesa, espírito de equipe.

Os dois cones ficarão no centro da quadra, afastados 3 metros um do outro. Os alunos serão divididos em 2 equipes, espalhadas livremente pela quadra. Ambas as equipes terão um tempo preestabelecido para atacarem e respectivamente se defenderem. A equipe que estiver atacando tem como objetivo fazer a bola passar pelo centro dos cones (que são a meta, ou gol); cada vez que isso acontece marca-se um ponto.

A equipe que defende tenta impedir, tomando a bola e mantendo-a o mais longe da meta possível. Somente são válidos dribles normais de futebol de salão; nenhum jogador poderá invadir o círculo central onde se localizam os cones.

Após o tempo predeterminado inverte-se a situação de ataque e defesa. Ganha quem faz mais pontos.

GARIBALDI (brincadeira)
Materiais: caixas de vários tamanhos.
Faixa etária sugerida: a partir de 3 anos.
Objetivos: noção de espaço, coordenação e agilidade.

Os alunos serão organizados em uma coluna, tendo à sua frente uma pista feita de obstáculos, com alturas variáveis. Ao sinal do professor, todos saem correndo em fila e tentam transpor os obstáculos sem destruí-los, voltando pelo lado direito para refazer a coluna. Quando todos acabam podemos dificultar a pista de obstáculos.

Para animar os alunos pode-se cantar a seguinte música:

> Garibaldi foi à missa
> Num cavalo sem espora,
> O cavalo tropeçou
> Garibaldi caiu fora.

O GATO E O RATO (brincadeira)
Material: nenhum.
Faixa etária sugerida: a partir de 3 anos.
Objetivos: localização espaço-temporal, agilidade, conhecer horas.

Os alunos formam uma roda, de mãos dadas, com exceção de dois que representam o gato e o rato. O gato permanece fora do círculo, e o rato dentro.

Ao sinal do professor, a roda começa a girar e o gato pergunta para todos:

— Seu ratinho está em casa?

— Não, senhor!

— Que horas voltará?

— Às oito horas.

— Que horas são?

— Uma hora.

E assim prosseguirá até chegar a hora determinada para a volta do rato. Neste momento a roda pára e o gato pergunta:

— Seu ratinho já chegou?

— Sim, senhor.

— Posso entrar?

O gato tentará entrar perseguindo o rato, que foge entrando e saindo da roda, até ir para um pique predeterminado pelo professor. Caso seja pego toma o lugar do gato; escolhe-se outro rato e repete-se a brincadeira.

GOLEIRO MALUCO (jogo)

Materiais: bola de borracha ou de algum esporte específico.

Faixa etária sugerida: a partir de 7 anos.

Objetivos: melhoria dos reflexos, coordenação visomotora, agilidade, integração.

Os alunos formarão um círculo em pé com as pernas afastadas e braços cruzados, mantendo uma distância de um metro entre cada um. Quem vai iniciar o jogo fica no centro do círculo e tem como objetivo tentar fazer a bola passar por baixo das pernas dos colegas, que podem tentar impedir apenas com as mãos, não podendo usar as pernas. Caso consiga fazer "gol", troca de lugar e o jogo continua. Ganha quem sofrer menos "gols".

Podemos variar os movimentos, chutando a bola, jogando para os colegas segurarem, e isto é feito de acordo com o esporte a ser ensinado.

GOL ENTRE AS PERNAS (brincadeira)

Materiais: giz, bola de meia, papel, borracha.

Faixa etária sugerida: a partir de 7 anos.

Objetivos: agilidade, rapidez de raciocínio, decisão.

O professor dividirá a turma em duas equipes e as colocará com os alunos formando dois círculos, de tal modo que, em cada círculo, eles fiquem em pé, com as pernas afastadas e os pés tocando os pés dos jogadores vizinhos.

Um jogador de uma equipe ficará no centro do círculo da outra equipe e jogará a bola com a mão, procurando fazer um gol por entre as pernas dos alunos que formam o círculo, e estes, estando com os troncos semi-flexionados e fazendo movimentos balanceados com os braços, procurarão defender o espaço entre as pernas, evitando com as mãos que o aluno do centro do círculo faça o gol.

Após três ou quatro tentativas, o aluno do centro do círculo é substituído, caso não faça nenhum gol. Caso ele consiga passar a bola por entre as pernas de algum adversário, outro componente da sua equipe irá para o centro do círculo.

O professor anotará os pontos no quadro-negro, vencendo a equipe que fizer mais pontos.

Variação: o aluno do centro poderá tentar fazer o gol, chutando a bola por entre as pernas dos alunos da equipe adversária.

HANDSABONETE (jogo adaptado do handebol)
Materiais: 1 sabonete e 2 baldes com água.

Faixa etária sugerida: a partir de 7 anos.

Objetivos: desenvolver nas crianças a agilidade, o raciocínio rápido, a lateralidade e a coordenação viso-motora.

Duas equipes; número de participantes indeterminado, vai depender do tamanho do local onde ocorrerá o jogo.

O sabonete servirá de bola, e os baldes distanciados serão os gols. A equipe vencedora será aquela que marcar o maior número de gols.

Os jogadores passarão o sabonete de mão em mão, podendo o jogador com posse do mesmo dar apenas 3 passos com o sabonete na mão e mais 3 segundos para passá-lo ao companheiro da equipe.

Os jogadores sem a posse do sabonete poderão correr livremente pelo campo/quadra.

A equipe perde a posse do sabonete quando:
— dá mais que 3 passos com o sabonete na mão;
— fica mais de 3 segundos com ele na mão;
— ao receber, ou fazer o passe, deixa que o sabonete caia no chão.

Não há tempo determinado de jogo. Isso ocorrerá entre acordo de ambas equipes.

HÁ! HÁ! (Brincadeira)
Material: nenhum.
Faixa etária sugerida: a partir de 7 anos.
Objetivos: discriminação auditiva, atenção, prontidão, socialização

Alunos sentados em círculo, sendo um indicado para começar a brincadeira. O aluno indicado dirá "Há", o seguinte "Há-Há", que provocará risos, mas não é permitido a quem fala "Há" sorrir, tem que ficar sério. Quem não conseguir falar sem rir perde e da próxima vez não fala. Ganha quem ficar por último sem errar.

JOGO DOS BICHOS
Materiais: fichas com nomes de bichos (ou desenhos).
Faixa etária: a partir de 6 anos.
Objetivos: atenção, concentração, memória, desinibição.

As crianças fazem um círculo e elegem uma delas para ficar no meio, que será o contador de histórias.

Cada criança escolhe uma ficha com um bicho, que deverá saber imitar o seu som característico. Por exemplo: cachorro, gato, galinha, burro, etc.

Quem está no meio do círculo começa a contar uma história, que pode até não ter sentido, mas que deve, durante a narrativa, citar nomes de animais.

Cada vez que um animal for citado, a criança que escolheu esse animal deverá fazer o seu som característico. Se ela errar ou esquecer sai do jogo e a sua ficha fica com a criança da esquerda. Aí, a brincadeira começa a ficar complicada, porque ela terá que ficar com o seu próprio bicho e com o bicho da criança que saiu, imitando os dois quando necessário.

Ganha quem permanecer até o fim sem errar.

JOGO DO SIM E NÃO
Faixa etária sugerida: a partir de 7 anos.
Objetivo: rapidez de raciocínio.

O professor disporá os alunos sentados no chão, formando um grande círculo.

Em seguida, chamará um aluno para o centro desse círculo e começará a fazer perguntas, que deverão ser respondidas corretamente sem que ele use as palavras "SIM" e "NÃO".

Cada vez que o aluno responder utilizando essas palavras voltará ao círculo e o professor chamará outro aluno.

Ganhará o jogo quem responder corretamente ao maior número de perguntas, sem utilizar as palavras SIM e NÃO.

Variações: este jogo poderá ser realizado com os alunos respondendo às perguntas sem utilizar as palavras É, NÃO e POR QUÊ. Também poderá ser feito com os alunos que errarem as respostas pagando uma prenda.

MENSAGEM SECRETÍSSIMA

Materiais: folhas de sulfite, lápis ou canetas, palitos de dente, suco de limão.

Faixa etária sugerida: a partir de 10 anos

Objetivos: domínio verbal, integração.

Escreva uma carta comum, normal, sem nada que possa despertar a curiosidade dos "inimigos". Depois, nos intervalos entre as linhas, escreva a mensagem secreta com um palito de dentes, usando suco puro de limão como tinta. Deixe secar e entregue a mensagem. O amigo secreto, ao receber a mensagem, só precisará colocá-la alguns segundos sobre o calor de uma lâmpada. O texto secreto aparecerá, então, claramente.

MESTRE MANDOU (brincadeira)

Materiais: diversos, de acordo com o objetivos do orientador.

Faixa etária sugerida: a partir de 3 anos.

Objetivos: integração do grupo, respeito, seguir instruções, habilidades motoras.

O monitor combina um sinal, e após esse sinal ele dará uma ordem, que pode tanto envolver materiais para trabalhar coordenação ou não, mas todos tem que cumpri-la.

Exemplo: o mestre mandou... quicar a bola.

o mestre mandou... sair correndo.

o mestre mandou... virar estátua, e outras atividades.

MEMÓRIA (brincadeira)

Material: nenhum.

Faixa etária: a partir de 7 ano.

Objetivos: memória, concentração.

Crianças sentadas em círculo. O professor indica um jogador, que sai do seu lugar e toca qualquer objeto da sala e ao mesmo tempo diz o nome do mesmo. Retorna para seu lugar e toca no vizinho, e este por sua vez irá tocar no objeto que seu colega tocou, dizer o nome e tocar um segundo objeto também dizendo o nome.

Volta para seu lugar, toca no colega seguinte, que repete o movimento dos colegas anteriores e toca em um novo objeto dizendo o nome também, continuando assim a brincadeira.

Caso alguém erre, continua a brincadeira no próximo colega de onde parou, não é necessário começar de novo.

Será vencedor o colega que lembrar o nome e tocar o maior número de objetos.

MAESTRO INVISÍVEL (brincadeira)
Faixa etária sugerida: a partir de 7 anos.
Objetivos: atenção, concentração, volta à calma.

Alunos sentados em círculo, um aluno afasta-se do grupo, escolhe-se um dos alunos do círculo que irá reger a orquestra. Ele vai mudando os movimentos e os outros o imitarão. O que estava fora terá que adivinhar quem é o maestro. Tem 3 chances, se não adivinhar pagará uma prenda. A brincadeira pode ser variada com outros movimentos que não sejam instrumentos.

Uma ótima variação é quando a própria pessoa que saiu é o maestro (sem que ele saiba).

MAMÃE POLENTA (brincadeira)
Material: nenhum.
Faixa etária sugerida: a partir de 5 anos.
Objetivos: criatividade, atenção.

Um grupo de crianças serão os filhos e uma criança será a mamãe polenta. O grupo ficará sentado e a mamãe polenta dirá que está fazendo polenta para os filhos, fazendo a mímica de quem esta mexendo na panela com uma colher. Ao terminar a mamãe põe a polenta em um forno imaginário e diz que vai sair para fazer compras. Fecha o forno com uma chave (um pedaço de pau) e sai segurando a chave com as mãos para traz. Uma criança do grupo corre pega a chave, abre o forno e corre para colocar a chave novamente nas mãos da mamãe. Todos fazem gestos de quem come a polenta e ficam com dor de barriga. A mamãe polenta volta e pergunta:

— O que vocês têm?

— Estamos com dor de barriga

A mamãe vai procurar a polenta e não acha; fala:

— Cadê a polenta que estava aqui?

— O gato comeu!

— Cadê o gato?

— Tá em cima do telhado!

— Como eu faço para subir?

— Pega a escada!

— E se eu cair?

— Bem feito!

Todos saem correndo e a mamãe polenta tenta catar seus filhos.

MAMÃE FOI À FEIRA E... (brincadeira)
Material: nenhum.

Faixa etária sugerida: a partir de 7 anos.

Objetivos: criatividade, atenção, domínio lingüístico.

Esta brincadeira pode ter quantos participantes quiserem. Um dirá:

— Mamãe foi à feira e comprou melão.

O próximo dirá:

— Mamãe foi à feira, comprou melão e uma manga.

E assim por diante, ou seja, todos devem repetir o que foi dito e acrescentar mais um. Quem errar perde ponto e começa outra seqüência.

MEIA LUA (brincadeira)
Material: nenhum.
Faixa etária sugerida: a partir de 5 anos.
Objetivos: criatividade, atenção, agilidade.

Uma criança fica de costas para várias companheiras, distante alguns metros e diz:
— Meia, meia lua... Meia, meia lua... Um, dois, três!
Enquanto ela fala as outras devem correr na sua direção. No momento em que diz três, ela se vira e as outras devem parar imediatamente, na posição em que estão. Quem se mexer sai da brincadeira.

MODELADOR E ESTÁTUA (brincadeira)
Material: nenhum.
Faixa etária sugerida: a partir de 7 anos.
Objetivos: interação social, descontração, desenvolver a criatividade, volta à calma.

Em duplas, um aluno será a estátua e o outro o modelador. O modelador modela o colega durante um minuto, sendo que o colega que é estátua não pode mudar de posição, mas sim deve cooperar ficando relaxado e fazendo o que o modelador manda. Após um minuto o professor vai verificar quem fez a melhor estátua, lembrando que estátua não se mexe, não ri, não sente cócegas, etc.

Após a verificação do professor invertem-se os papéis.

MUDANÇA (Brincadeira)

Material: nenhum.

Faixa etária sugerida: 7 anos em diante.

Objetivo: percepção.

Formação: o professor dividirá a turma em equipes, correspondendo às colunas de cadeiras. Cada equipe escolherá um representante para participar do jogo.

O professor chamará dois representantes à frente da sala, onde ficarão frente a frente. Cada representante deverá observar bem o seu colega, buscando cada detalhe.

Desenvolvimento: os alunos voltam a ficar de frente para o outro e cada um deverá descobrir qual a mudança feita pelo adversário.

O aluno que acertar marcará um ponto para sua equipe e o professor chamará mais dois representantes, até que todos os representantes tenham participado do jogo. Ao final, o professor poderá continuar com a brincadeira, com as equipes escolhendo outros representantes.

MEMÓRIA COM CARTAS (brincadeira)

Material: um baralho comum completo.

Faixa etária sugerida: a partir de 10 anos.

Objetivo: formar pares com cartas do mesmo valor. Excelente para trabalhar memória e percepção visual.

Número de jogadores: duas ou mais pessoas.

As cartas devem ser embaralhadas e colocadas fechadas sobra a mesa, em linhas e colunas, de forma que uma não toque a outra.

Joga-se como o memória tradicional, isto é, o jogador, na sua vez, abre duas cartas de forma que todos as vejam. Se as duas formarem um par, ou seja, tiverem o mesmo número ou figura, ele as retira, guardando-as para a contagem final de pontos, e joga novamente, enquanto formar pares.

Quando abrir duas cartas que não formam um par, deve mostrá-las aos outros jogadores e tornar a fechá-las em seu lugar de origem.

O vencedor será aquele que, ao final das cartas, conseguir o maior número de pares.

MEXE-MEXE (jogo)

Materiais: dois baralhos completos, sem os curingas.

Faixa etária sugerida: a partir de 10 anos.

Objetivo: ser o primeiro a terminar as cartas (ou não exceder a um certo número de pontos previamente estabelecido).

Número de jogadores: a partir de 3 pessoas (com 4 ou 5 fica mais dinâmico).

São distribuídas nove cartas para cada jogador, sendo o restante do baralho colocado no centro da mesa, em um monte fechado, para compras. O primeiro a jogar é aquele que está ao lado do carteador, optando-se pelo sentido horário ou anti-horário a partir daí. O jogador compra a primeira carta do monte fechado e, caso tenha algum jogo, abre-o sobre a mesa. Caso contrário, bate três vezes, anunciando que terminou a jogada. O próximo compra uma carta e desce seu jogo, ou "mexe" no jogo da mesa. Dessa forma procedem os demais jogadores, sempre comprando uma carta do monte e abrindo um novo jogo, ou acrescentando e retirando cartas dos jogos dos demais.

No mexe-mexe as cartas de número 2 não valem como curingas, e um jogo pode ser aberto na mesa quando for composto de no mínimo três cartas, nas seguintes condições:

— Serem consecutivas e de um mesmo naipe (chamado de seguida);
— Terem o mesmo valor, sendo de três naipes diferentes (neste caso chama-se de trinca).

Cada jogo abaixado passa a fazer parte da mesa, sendo que qualquer um dos jogadores, na sua vez, pode nele acrescentar cartas. No caso de querer usar alguma dessas cartas para um novo jogo, o jogador poderá fazê-lo, desde que:

— utilize imediatamente a carta da mesa para descer o seu jogo;
— deixe, pelo menos, três cartas no jogo.

Assim, se houver um jogo composto de, por exemplo, 4, 5, 6, 7, 8 e 9 de espadas na mesa, o jogador, na sua vez, poderá acrescentar nele um 3, em seguida dividi-lo, formando dois jogos (3, 4, e 5 – 6, 7, 8 e 9) e, finalmente, retirar o 6 para descer um novo jogo, usando outros dois 6 de sua mão, formando uma trinca.

Há duas formas de considerar uma partida terminada: ou simplesmente vence aquele que ganhou a rodada, ou vence quem ganhar, por exemplo, três rodadas.

É um jogo dinâmico e diferente da maioria, pois ninguém é dono dos jogos, ao contrário, quanto mais um mexe no que o outro fez, melhor!

MEMÓRIA DE 10 (jogo)

Materiais: 36 cartas, do ás (=1) ao 9, de um baralho comum.

Faixa etária sugerida: a partir de 10 anos.

Objetivo: formar pares cujo resultado da adição das cartas seja 10.

Número de jogadores: duas ou mais pessoas.

Nesta versão de jogo de memória procede-se da mesma forma que nos jogos de memória tradicionais, com uma única diferença: para se formar um par é preciso virar duas cartas (3 e 7, por exemplo) cujo resultado da adição de seus valores seja 10.

Este jogo pode ser modificado conforme o total a se obter com as duas cartas viradas (soma 7, soma 8), ou as operações para se chegar a este resultado.

Curiosidade: este jogo é conhecido como "8 louco" ou "8 maluco" em Pernambuco e no Espírito Santo como "fedo" ou "tapão".

O objetivo do jogo é descartar todas as cartas da mão. Começa o jogo com cada um recebendo 7 cartas; vira-se uma na mesa; o descarte é feito sempre com uma carta do mesmo naipe (não importando o número) ou cartas do mesmo número (não importando o naipe). Quando acaba uma rodada contam-se os pontos, que são cumulativos. Depois de algumas rodadas quem tiver menos pontos ganha.

Cada carta assume um significado para deixar o jogo mais interessante:

— Ás: pula a vez do próximo a jogar;

— 7: o próximo tem que jogar outro 7 ou comprar 2 (é acumulativo, ou seja, caso ele jogue um 7 o seguinte tem que continuar jogando 7 ou comprar 4, e assim sucessivamente), quando o jogador comprar o próximo continua o jogo normalmente;

— 8: anterior compra 1 carta;

— 9: próximo compra 1 carta;

— J: coringa; muda o naipe do jogo (quem escolhe é quem vai jogar). Caso alguém acabe o jogo com um coringa contam-se pontos dobrados para os perdedores;

— Q: dama; inverte o sentido do jogo.

Quem for ficar com uma só carta na mão tem que falar "mau-mau", senão compra 5 cartas como castigo.

Pontos (para efeito de contagem, ao final da rodada): dama e rei valem 10, valete vale 20, ás vale 1 e o restante vale o número da carta como pontos.

MUSTAFÁ

Materiais: grande quantidade de pirâmides de cartolina e urnas (número de urnas igual ao de equipes).

Faixa etária: a partir de 8 anos.

Objetivos: criatividade, espírito de equipe, agilidade.

Dividir o espaço do jogo em três partes (quadra, campo, etc.). Uma das extremidades chamaremos de Zona Livre, a outra extremidade será chamada de Território Sagrado; no centro, um círculo delimitará o Reduto da Paz. Todo o resto de espaço disponível chamaremos de campo de trabalho.

Um recreacionista caracterizado de Mustafá, que será o orientador da brincadeira, explica e dá início a ela. Mustafá se manterá sempre na Zona Livre. Cada participante receberá das mãos de Mustafá uma pirâmide, a qual deverá depositar na urna correspondente à sua equipe (a urna estará no Território Sagrado). Para isso, deverá atravessar o campo de batalha. Durante a travessia, outros recreacionistas devidamente caracterizados representando os beduínos interceptarão os participantes. O participante que for pego pelo beduíno deverá entregar a ele a pirâmide que estiver carregando. O beduíno não precisa segurá-lo, basta tocá-lo; o participante deverá parar imediatamente, deixando a pirâmide com o beduíno e voltando até o Mustafá, que lhe entregará uma nova pirâmide para que recomece sua nova tentativa. Cada participante só poderá transportar uma pirâmide por vez.

Dentro do campo de batalha, toda vez que um participante sentir-se ameaçado, poderá refugiar-se no Reduto da Paz, que funcionará como um pique.

Os beduínos respeitarão a paz neste espaço. Porém, um outro recreacionista devidamente caracterizado será o pigmeu maluco. Este participará da mesma maneira que os beduínos, porém, com a diferença de que não respeitará o Reduto da Paz, tomando as pirâmides também lá dentro.

Todo participante que conseguir atravessar o campo de batalha, entrar no Território Sagrado e depositar sua pirâmide em sua respectiva urna deverá voltar até Mustafá, pegar outra pirâmide e reiniciar a travessia.

Ao final de um tempo predeterminado serão contadas as pirâmides de cada urna; será vencedora a equipe que tiver conseguido colocar o maior número de pirâmides.

Este jogo é muito interessante e motivador, pois mexe com a imaginação dos participantes, e além disso existem duas disputas: contra os beduínos e, em segundo plano, também disputa-se contra as equipes adversárias.

MESTRE SHAOLIN

Materiais: cartões coloridos numerados de 1 a 5, figurino caracterizando chinês (para os monitores).
Faixa etária: a partir de 8 anos.
Objetivos: raciocínio lógico, agilidade, descontração.

Alunos divididos em equipes. Os monitores posicionados em lugares predeterminados; cada monitor terá em suas mãos pistas numeradas, as quais as crianças terão que procurar. Por exemplo: tendo 3 equipes (azul, branca, verde), o monitor X terá a pista 2 da branca, 4 da verde e 1 da equipe azul, o monitor Y terá a 1 da branca, 2 da verde e 2 da equipe azul, e assim por diante...

As equipes deverão encontrar as pistas em ordem crescente, perguntando para os mestres Shaolin (monitores) se eles estão com a pista número 1 da sua equipe. O monitor para responder sim ou não deverá dar uma tarefa para toda a equipe (tarefa de acordo com a faixa etária), pois somente após a realização da tarefa responderá se tem ou não a pista.

Para entregar a pista 2, por exemplo, a equipe tem de mostrar a pista 1, caso não a tenha o monitor não entrega e nem fala que está com a pista 2; isto torna a atividade interessante, pois as crianças acabam passando várias vezes em cada monitor.

Ganha a equipe que achar primeiro as 5 pistas.

NAMORO DO VIÚVO ou PISCA ou ROUBA MARIDO (brincadeira)
Materiais: cadeiras.
Faixa etária sugerida: a partir de 7 anos.
Objetivos: percepção, observação, agilidade.

O professor dividirá a turma em duas equipes, uma equipe feminina e uma masculina.

A equipe feminina ficará sentada nas cadeiras, em forma circular, e a equipe masculina ficará de pé, atrás das cadeiras das meninas, sendo que haverá uma cadeira vazia.

Embora a cadeira esteja vazia, haverá um menino atrás dela, que será o viúvo. O viúvo, então, dará uma piscada de olho discretamente para uma das meninas que, ao perceber, deverá imediatamente sentar-se na cadeira vazia, antes que o menino que está atrás de sua cadeira toque-a nos seus ombros. Quando isso acontecer, ela não poderá atender à piscada do viúvo, caso contrário o aluno que estiver sem par ganha, e o colega que perdeu torna-se o novo viúvo.

Após um determinado tempo, o professor inverte os papéis, ou seja, os meninos ficam em pé atrás das cadeiras, iniciando, assim, o namoro da viúva.

O REI E OS PRÍNCIPES (brincadeira)
Materiais: giz ou fita crepe para marcar as posições.
Faixa etária: a partir de 7 anos
Objetivos: atenção, agilidade, criatividade, expressão corporal.

Alunos no "abrigo" (local definido antecipadamente) serão os príncipes, exceto um aluno (o "rei"), que ficará no canto oposto da quadra, dentro do "castelo". Os príncipes combinarão entre si, sem que o rei escute, alguma ação (por exemplo: andar a cavalo, jogar vôlei, dormir, etc.), que eles deverão saber representar por gestos (mímicas).

Isto feito deverão aproximar-se do rei, que lhes perguntará:

— Então, meus príncipes, o que fizeram na minha ausência?

O grupo de príncipes responde por gestos; caso o rei descubra o que significa, fala em voz alta o que foi interpretado. Todos os príncipes devem sair correndo e voltar para o abrigo; os que forem pegos irão para o castelo com o rei e o auxiliarão na perseguição seguinte. Depois deve-se trocar o rei e continuar até que as crianças estejam motivadas.

OS PEQUENOS OPERÁRIOS (brincadeira)

Materiais: sucata (caixas de papelão, latas, copos plásticos, etc.), cola, tesoura, giz de cera, papéis coloridos.

Faixa etária: a partir de 3 anos.

Objetivos: classificação de objetos, cooperação, interação social, criatividade, volta à calma.

Alunos divididos em grupos de 4 ou 5 crianças. Cada grupo ficará encarregado de fazer uma construção; a idéia poderá partir de uma história que o professor conta, ou sugere-se que o grupo construa sua própria história, construindo depois algo relativo à mesma.

O GATO DO PADRE (brincadeira)

Faixa etária sugerida: a partir de 10 anos. Pode ser adaptado para crianças menores, sem citar o termo adjetivo.

Objetivos: domínio verbal, integração.

Alunos em círculo. Escolhe-se uma letra do alfabeto e cada aluno deverá dizer um adjetivo para o gato do padre. Ex: letra A = O gato do padre é ágil. Trocar de letra quando cansar, ou ninguém souber mais. Ganha a rodada quem conseguir dizer o adjetivo.

Pode-se variar pedindo para os alunos escreverem, e somente após um tempo verifica-se quem descobriu mais adjetivos.

ONDE ESTÁ MEU IRMÃO? (brincadeira)
Materiais: papéis desenhados com animais (2 de cada).
Faixa etária: a partir dos 7 anos.
Objetivos: atenção, concentração, desinibição, expressão corporal, espírito de equipe.

Crianças à vontade, sentadas, para as quais o professor entrega um papel dobrado, com o desenho de um animal. Deve haver dois papéis de cada espécie, isto é, dois papéis com a figura de gato, dois com a figura de um cavalo, etc. O aluno não pode abrir seu papel antes do professor autorizar.

Ao iniciarem o jogo as crianças dispersam-se à vontade; após um sinal previamente estabelecido, abrem seu papel, após outro sinal começam a imitar o animal do papel. Ao mesmo tempo, prestam atenção para perceber onde está o outro jogador que emite o mesmo grito. Assim que o ouvirem, procuram-no, dão-lhe a mão e vão entregar seus papéis ao professor. É óbvio que, ao se encontrarem, os dois irmãos cessarão de gritar. Depois que todos se encontrarem com seu irmão, faz-se nova distribuição dos papéis, e o jogo recomeça.

* * *

A todos aqueles que por um motivo qualquer leram este livro, para todos aqueles que se interessam por recreação, o nosso muito obrigado por nos permitirem neste breve espaço de tempo fazer parte de suas vidas.

Portanto, amigos, permitam-se não levar a vida tão a sério, não; claro, também não se deve viver sem responsabilidade, mas não se preocupem tanto com o futuro, o passado já passou, vivam muito intensamente o presente, pois ele é uma dádiva, por isso é chamado presente.

Vivendo assim, sempre que olharem para trás verão suas boas ações, seu presente será motivador e se construirá um futuro digno.

Mais uma vez obrigado por viverem esta aventura conosco.